遠部　慎・犬島貝塚調査保護プロジェクトチーム 編

犬島貝塚

―瀬戸内海最古の貝塚を求めて―

六一書房

刊行にあたって

　本書は、2008年度に犬島貝塚調査保護プロジェクトチームが主催した研究会・講演会、「犬島貝塚の発見」「犬島貝塚の発掘2008」の記録集です。

　開催のきっかけとなった犬島貝塚は、2007年まで遺跡名もついていない、ほとんど知られていない貝塚でした。しかし、各種報道のおかげで、多くの方に知られるようになり、学会でも、瀬戸内海における約半世紀ぶりともいえる縄文時代早期貝塚の発見として取り上げられるようになりました。また、1つの島に2箇所の貝塚が存在しており、遺跡の保存状況は極めて良好で、数多くの新知見が得られています。

　この犬島貝塚や、豊島・礼田崎貝塚、さらに周辺の遺跡群との関係の追及は、いわゆる瀬戸内海が現在の形になる以前の解明に繋がり、瀬戸内海の形成史と人類の関係を読み解くという大きなテーマとなります。まさに「瀬戸内海のはじまり」にあたる研究です。

　近年、台風によりこの犬島貝塚を守ってきた樹木が倒壊し、貝塚そのものの崩落が危ぶまれました。そこで早急な対策が必要となり、「犬島貝塚調査保護プロジェクトチーム」を立ち上げることになりました。

　本プロジェクトを推進する中で、「瀬戸内海の縄文時代」「早期」「貝塚」などのキーワードが、豊島・井島・犬島といった瀬戸内海の島々、各地域を結び、新たなるコミュニケーションによる瀬戸内海の発展に寄与できれば、望外の幸せです。

　犬島貝塚との出会いから2年足らずで、プロジェクトをこのような「形」に実現できましたのは、各方面からの多大なるご協力の賜物に他なりません。心より御礼申し上げますとともに、犬島貝塚をめぐる輪がさらに広がることを信じ、今後ともますますのご支援を賜りますよう、お願い申し上げます。

犬島貝塚調査保護プロジェクトチーム（代表）　遠部　慎

目　次

刊行にあたって……………………………………………遠部　慎　i

例　言

I　第1回　研究会・講演会

開会挨拶……………………………………………………森　隆恭　3
犬島・松ヶ鼻遺跡回想………………………………………久本健二　4
犬島貝塚の周辺……………………………………………岡嶋隆司　6
犬島貝塚発見のいきさつ……………………………………小野　伸　11
犬島貝塚の土器……………………………………………松本安紀彦　14
犬島貝塚の貝………………………………………………畑山智史　20
犬島貝塚の炭素14年代測定…………………………………遠部　慎　26
犬島貝塚の三次元計測………………………………………小谷明治　35
第1回研究会/講演会　総合討論……………………………　39

コラム
旅する小さな博物館―豊島のトランク―……………………市村　康　46
直島町寺島採集の縄文時代遺物………………小野　伸・遠部　慎　49
熱気を感じた犬島貝塚講演会………………………………竹内信三　51
犬島時間……………………………………………………編集部　52
犬島貝塚の姿………………………………………………在本桂子　54

II　第2回　研究会・講演会

開会挨拶……………………………………………………宗光英明　57
基調講演：縄文海進と海底に没した縄文時代早期の貝塚
　　―貝類群集からみた海面の変化―……………………松島義章　58

犬島の遺跡の発見歴……………………………小野　伸・楠原　透	97
回顧録………………………………………………………堤　芳男	101
犬島貝塚　発掘調査前　測定記録………………………中島直樹	102

第一次発掘調査概報
　　1．調査の概要…………………大智淳宏・元木俊文・富岡直人　106
　　2．出土土器……………………………………………松本安紀彦　118
　　3．貝類…………………………………………………畑山智史　123
　　4．犬島第2貝塚の炭素14年代測定値………………遠部　慎　126

「犬島っぷ　ＩＮＵＪＩＭＡＰ」の可能性
　　―遺跡を知るための地図作りを目指して―……五十嵐聡江・古矢勝重　130
第2回研究会/講演会　総合討論……………………………………… 133

コラム
島犬コンセプト……………………………………………西平孝史　138
翁丸…………………………………………………………小野　伸　140
縄文文化起源論と洞穴遺跡、そして型式学をめぐって……及川　穣　141

Ⅲ　展望：講演会をおえて

第1次調査の成果………………………………………………遠部　慎　153
回顧と展望………………………………………………………遠部　慎　159

引用・参考文献………………………………………………………… 163
編集後記
執筆者一覧

例　言

1. 本書は、2008年7月20日、2009年3月21日に岡山市デジタルミュージアムにおいて犬島貝塚調査保護プロジェクトチームが主催した研究会・講演会「犬島貝塚の発見」「犬島貝塚の発掘2008」の記録集である。
2. 研究会・講演会の開催にあたっては発表者をはじめボランティアスタッフや岡山理科大学・岡山大学の学生に協力・補助いただいた。記して謝意を表す（敬称略）。
   水野　蛍・幡中光輔・瓜生真也・塩飽菜津美・立石和也・竹並千穂・山口雄治
3. テープ起こしなどの編集作業は、山口早苗・山口　響の協力を得た。また、当日行ったワークショップやポスター発表の一部については、コラムとしてご執筆いただいた。
4. 本書では、各執筆者による語句・用語を基本的に尊重し、全体に関わる説明では、慣用的表現を用いることとした。

第1回研究会・講演会　「犬島貝塚の発見 —1万年前の瀬戸内海—」

会場：岡山市デジタルミュージアム 4F（講義室）
日時：平成 20 年 7 月 20 日（日）
助成：（財）福武教育文化振興財団
主催：犬島貝塚調査保護プロジェクトチーム・岡山市デジタルミュージアム
後援：岡山市教育委員会・犬島再発見の会・犬島時間・環瀬戸内海会議・九州縄文時代早期研究会・豊島学（楽）会・豊島は私たちの問題ネットワーク

──────────────［プログラム］──────────────

開会挨拶
introduction
 犬島・松ヶ鼻の回想　　　　　　　　　　　　　　　　　　　　久本健二
 犬島周辺の遺跡　　　　　　　　　　　　　　　　　　　　　　岡嶋隆司
 犬島貝塚発見のいきさつ　　　　　　　　　　　　　　　　　　小野　伸
session 1「くわしくみる」
 土器
  「岡山県岡山市犬島貝塚で採集された土器及び土製品について」
　　　　　　　　　　　　　　　　　　　　　　　　　　　　　　　松本安紀彦
 貝類
  「犬島貝塚の貝」　　　　　　　　　　　　　　　　　　　　畑山智史
  （休憩 ―出土資料展示解説、測量模擬、ポスターセッションほか―）
session 2　「はかる」
 年代
  「犬島貝塚の炭素 14 年代測定」　　　　　　　　　　　　　遠部　慎
 測量
  「犬島貝塚の三次元計測」　　　　　　　　　　　　　　　　小谷明治
質疑応答
閉会挨拶

第2回研究会・講演会 「犬島の発掘 2008」

会場：岡山市デジタルミュージアム 4F（講義室）
日時：平成21年3月21日（土）
助成：(財) 福武教育文化振興財団
主催：犬島貝塚調査保護プロジェクトチーム・岡山市デジタルミュージアム
後援：岡山市教育委員会・岡山理科大学・サイバー大学・日本島嶼学会・日本離島センター・朝日学区連合町内会・瀬戸内海環境保全協会・犬島再発見の会・犬島時間・環瀬戸内海会議・岡山地方史研究会・吉備学会・九州縄文時代早期研究会・アースデイかがわ in 豊島実行委員会・豊島学（楽）会・豊島島の学校2009実行委員会・豊島は私たちの問題ネットワーク・瀬戸内オリーブ基金・小さな考古館

――――――――［プログラム］――――――――

開会挨拶
introduction
　基調講演「縄文海進と海底に没した縄文時代早期の貝塚」　　　　　松島義章
　回顧録「―私の考古学の歩みと犬島貝塚―」　　　　　　　　　　　堤　芳男
session 1「Before 調査前」観察記録
　「犬島の遺跡の発見歴」　　　　　　　　　　　　　　　小野　伸・楠原　透
　測量記録「犬島貝塚発掘調査前測定記録」　　　　　　　　　　　　中島直樹
　　（休憩―出土資料展示解説、測量模擬、ポスターセッションほか―）
session 2「After 調査後」
　第1次発掘調査概報
　　大智淳宏・元木俊文・富岡直人／松本安紀彦／畑山智史／遠部　慎
　公開作業
　　「「犬島っぷ　ＩＮＵＪＩＭＡＰ」可能性」　　　　　　古矢勝重・五十嵐聡江
質疑応答
閉会挨拶

I 第1回 研究会・講演会

開会挨拶

　本日、この80席ほどの会場が埋まり、ロビーにモニターを出すほどの盛況ぶりは久々のことで、大変驚き、喜ばしい限りです。

　岡山市デジタルミュージアムは平成17年8月末に岡山駅西口にオープンし、今年の8月末でまる3年を迎えます。岡山市も岡山県同様、非常に厳しい財政事情であるため、この種の文化施設についても多々ご意見もあるでしょうが、皆様にはいろいろな意味で関心をお持ちいただき、足を運んでいただければと切に願っております。

　さて、私自身は「犬島再発見の会」の事務局をしており、すでに10年近く、犬島にお住まいの在本桂子さんのお手伝いをしてまいりました。岡山市デジタルミュージアム館長という立場からも犬島のPRに携われることを非常に嬉しく思います。犬島貝塚は相当以前に小野　伸氏が発見しましたが、なかなか話題になりにくかったそうです。しかしながら近年、「犬島」というキーワードが何かと話題に上り、今春には、犬島の精錬所址でも美術館が建ちました。そんな中、本日の司会者でもある遠部　慎氏が'犬島貝塚をぜひ掘り起こしていこう'と注目し、名乗りを上げたのは、絶妙のタイミングでした。皆様と同様、研究に携わる有志の気運も高まって、今日の成果を上げることができたといえましょう。この貝塚を分析することで瀬戸内海の形成過程までわかるという学術的に重要な発見であると聞いておりますので、ぜひ、お聞きいただければありがたいと思います。

デジタルミュージアム館長　森　隆恭

犬島・松ヶ鼻遺跡回想

久本健二

　昭和40年代、私が山南中学校に勤めておりました頃、犬島の町内会長をなさっていた井上兼市氏が、犬島の歴史を文書にまとめ、冊子を作りたいという熱い思いを抱きながら研究に勤しんでおられました。そして勤務先の相沢主典校長も「今、書いておかなければ何にも残らない」とばかり、確固たる決意を持ってその編集に携わっておられました。あるとき相沢校長から、「井上さんが島の南西の方向の松ヶ鼻で、犬島からは出ない石器を見つけた。ぜひそこを調べたい」との連絡を受けたのです。石器が出るくらいだから土器も、石鏃（石の矢じり）も出てきはしまいかとの井上氏の推察を頼りに調査することになったのです。

　松ヶ鼻の調査は、考古学に造詣の深かった水内昌康校長、郷土史家の中川満雄氏、井上町内会長、町内の有志2人、私といったメンバーで行いました。七月の月曜日、とても暑かったと記憶しております。調査するにあたって、水内校長は、「岬があり雨がたくさん流れていくので、数本の溝ができている、この溝に沿って調べてみよう」とまずおっしゃいました。溝には松葉やごみや小枝がたくさん流れていました。次に「その小枝を取り除いてみよう、そうしたら石器が出てくるはずだ、それからその溝の付け根のへんを少し掘ってみよう」と。すると、数個のサヌカイトが出てきました。残念ながら土器は出ませんでしたし、石鏃のようなはっきりとした石器も出ませんでしたが、石片というか、マイクロリスなどといわれるものが出ましたので、数点を犬島中学校に持ち帰りました。「暑かったでしょう。冷たいお茶でも」と出されたものを、一気に飲みほして生き返ったのを覚えています。

　出土した2〜3cmほどの数個のサヌカイトの石片を頭に思い描きながら、

おそらく今から1万年前の旧石器の頃、後期旧石器の石片、つまり、マイクロリスの時代であろうと想像しました。そして、松ヶ鼻から遠く西の児島半島の山辺、そこから南の小豆島あるいはもっと南の四国のほうを眺めやり、この辺に古代人がいたのでは…と、いにしえに夢を馳せたものです。

　数ヶ月後、今度は犬島本島西側に浮かぶ地竹ノ子島にある墓標の写真が届き、豊島石で文字が解読できずに困っているとのことでしたので、苦心惨憺のうえ、ようやく「南無阿弥陀仏」の文字を読み取りました。大分古いものと思いましたが、源平合戦の折に流れついた平氏の亡骸を祭ったとの言い伝えもあり、当初は禅宗系統の坊さんのお墓ではないかと考えました。しかし次第に、江戸初期あたりの追善供養のために祭った墓標とも考えるようになりました。いずれにせよ、なにか意義深いものと捉えておりましたところ、今般、小野　伸君が遠部研究員と共にこの犬島貝塚について研究発表すると聞きつけた次第です。

　今から20年位前、中学2年生だった小野君が、「僕は考古学を研究しています」と私を尋ねてきたので、「児島半島の岬や瀬戸内海に浮かぶ島々を調べたら、たくさん遺跡が見つかるかもしれない」とアドバイスしました。その後、彼はあちこち尋ね歩いていろいろな遺跡を見つけましたが、その一つが犬島貝塚（地竹ノ子島）です。このたびスポットライトを当てられることで本格的な調査・研究が進められるようになったことは、誠に喜ばしい限りであり、今後の活動にも大いに期待しております。

犬島貝塚の周辺

岡 嶋 隆 司

　犬島貝塚の説明の前に、周辺にはどのような遺跡があったのかを簡単にご紹介します。まず、後期旧石器時代から始めます。今から2万年ほど前、最終氷期の氷河が一番地球全体にその範囲を広げた時代です。海水が蒸発し、両極地を中心として雪を降らせます。通常、雪や雨は川となって海に戻るので海水面は一定していますが、当時は雪が積もるばかりで海に戻りません。最大で140mから100mくらい今よりも海水面が低かっただろうといわれております（太田・米倉 1987）。当然、瀬戸内海は、現在でも最深で約80mですので、完全に陸であったといえるでしょう。児島湾には吉井川や旭川が流れ込んでいます（第1図）。それらが合流して南下し、おそらく東の方へ流れを変え、犬島と小豆島の間を抜けて流れていたのではないかと考えられています。備讃瀬戸一帯は瀬戸大橋のルートや関連工事でかなり発掘調査が行われ、荒神島（第1図左下）、井島の鞍掛ノ鼻（鎌木 1957・三杉 1974）などが調査されています。他にも、荒神島（岡嶋ほか 2003）は表採だけですが、豊島（杉野 1971）や小豆島で何箇所か、また、牛窓方面（第1図右上）の前島、青島、黄島と黒島があります。内陸地にも数箇所、旧石器の散布地があります（小林・白石 1997）。犬島については、貝塚発見者である小野たちの努力により、数カ所で旧石器が表面採集されました（白石ほか 1997）。先述の久本先生の松ヶ鼻（井上 1974）は、犬島の左の先になります。やはり当時は陸地で、今でも瀬戸内海の場所によっては、ナウマン象、ニホンムカシジカやヤベオオツノジカといった絶滅種の化石が漁師の網で引上げられたりしています（山本ほか 1988、樽野・大野 2000）。

縄文時代には、氷河が溶け始め、だんだんと海が入り込んできます。

早期の貝塚としては、牛窓方面に、黄島（鎌木 1986a、小林・白石 1997、遠部 2001）や黒島（近藤 1986a、小林・白石 1997、遠部ほか 2005）、もう一方に波張崎（三杉 1974、平井 1980、間壁 1981）（第 2 図中央）と少し南に下った井島の大浦遺跡（間壁 1981）、これら西と東のちょうど中間地点に位置する犬島貝塚、これらは多少の時間差を持ちながら形成され、早期貝塚の密集地帯となっています。

縄文時代前期にあたる約 6,000 年前には、縄文海進（海水面の上昇）がピークを迎え、邑久地域には、中期に作られる千町平野など中心部をのぞき、大橋貝塚（岡本 1979、岡本 2006a、河瀬 2006）などが形成され始めました。この地域も、弥生時代前期の門田貝塚（岡田 1983、馬場 1998、近藤 2006、岡田 2006、馬場 2006a、馬場 2006b）を代表とする弥生時代に至るまで、倉敷同様、貝塚の密集地帯となっています。他にも玉野市で押型文土器が、島嶼部で土器や石鏃などの石器類が表採されています。早期の遺跡は、旧石器時代の遺跡と重なる部分が多分にあります。

弥生時代は農耕が主体となるので、島嶼部からはあまり目立った遺跡が無いように見受けられがちですが、実際はかなり弥生土器などが表面採集されています（小林・白石 1997）。残念ながら今のところ犬島からは明確な資料は出ておりません。しかし、周りを囲むように点在する遺跡を見ますと、いずれ出てきてもおかしくないでしょう。

この頃の犬島周辺の特徴は、小山墳丘墓（岡嶋・草原 1989）です。二重の列石で囲まれている可能性がある 11 × 11.5 m の方墳で箱式石棺を伴います。ここからは弥生時代終末期と考えられる土器が出ています。同じく香川県の直島町荒神島にある荒神島古墳（大久保 2001）や坂出市の沙弥島にある千人塚（今井 1997）も二重に列石を持つ方墳で、共にほぼ同時期の土器を出土し、箱式石棺を伴っています。これらは弥生時代終末の段階において、ある種の交流圏が瀬戸内を舞台としてあった可能性を示唆するものではないでしょうか。

I 第1回 研究会・講演会

　古墳時代は弥生時代よりも少し遺跡数が増え、有名な牛窓を廻る5つの前方後円墳（近藤1956）や、後期段階のものでは牛窓の北側、錦海湾の師楽にある師楽遺跡（亀田1997）があります。この師楽遺跡は製塩の遺跡で、ここから出る土器を標式とする師楽式土器は、土器製塩すなわち塩を作っていた土器であり、備讃瀬戸一帯に広く分布しています。またこれらを製作していた集団の墓地も各地に見られます。残念ながら、犬島では明確な師楽式土器とされるものは今のところ確認できませんが、今後、発見される可能性はあると思われます。

　内陸部で「米作り」が盛んであったのに対し、南部の島嶼部には、古墳やいろいろな製塩遺跡が広がっていることから、海浜部では「塩作り」がそれと肩を並べる勢いにあったのではないかと考えられます。

犬島貝塚の周辺

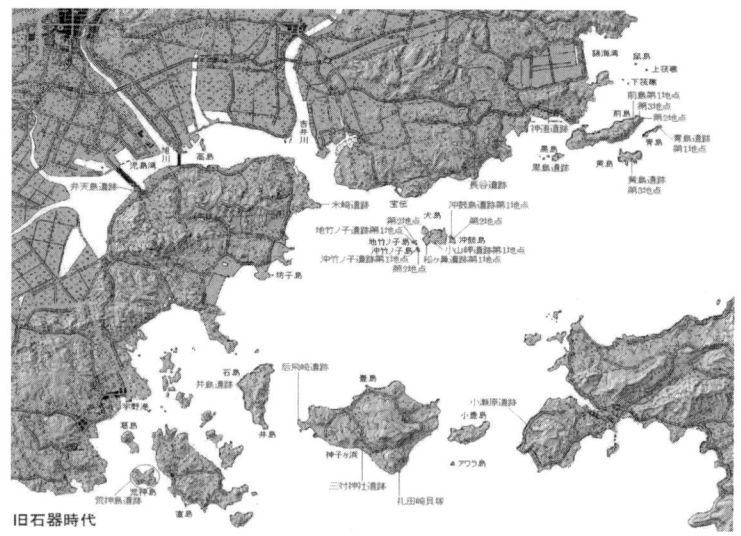

第1図　犬島貝塚周辺の遺跡（旧石器時代）

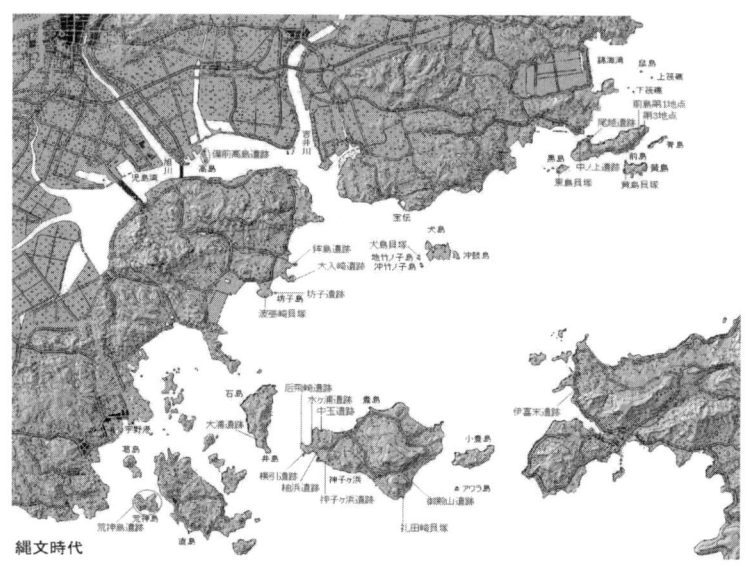

第2図　犬島貝塚周辺の遺跡（縄文時代）

9

I 第1回 研究会・講演会

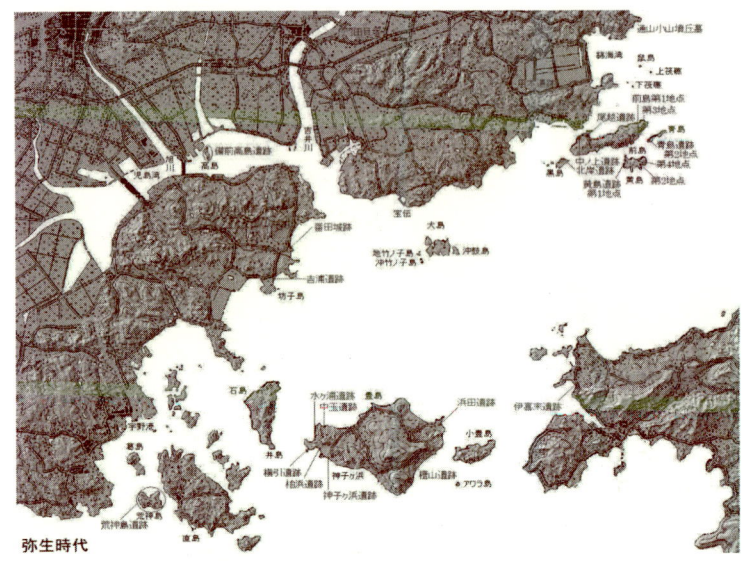

第3図 犬島貝塚周辺の遺跡(弥生時代)

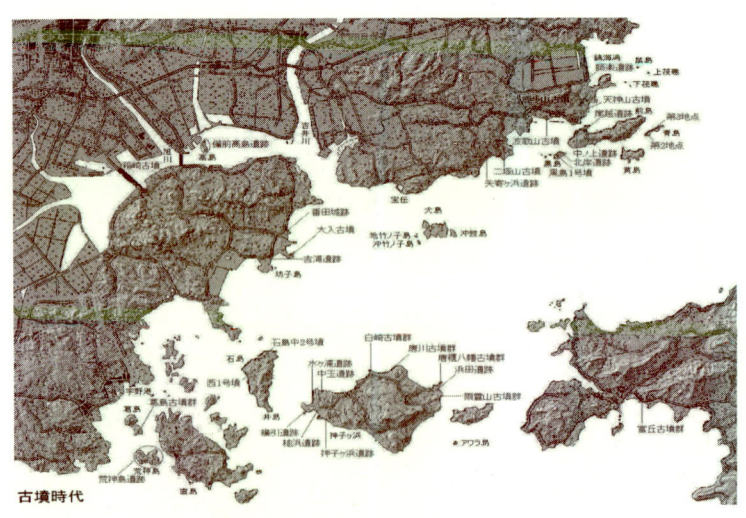

第4図 犬島貝塚周辺の遺跡(古墳時代)

犬島貝塚発見のいきさつ

小野　伸

　犬島には犬島本島を中心に、島ごとにいくつか遺跡が存在しています。最初に見つかった旧石器（第1図）は、今は亡き犬島の町内会長をしておられました井上兼市氏によるものです。

　犬島貝塚の発見当時の写真（第2図）では、白い矢印のところが4年前の台風16号で崩壊し、亀裂が入ってＶ字形になっています。犬島貝塚のある島を東から臨んだ写真（第3図）では、島の南と北側に貝塚が存在しています。以前は所々に貝塚が露出していました。貝は全てヤマトシジミで貝塚の付近には豊島石製の卵塔型石塔があります。

　発見のいきさつについては、そもそも中学2年の時に自宅近くの丘で石鏃を拾い、考古学に興味を持つようになったのがきっかけでした。社会科の先生に相談したところ、当時旭東中学へ勤務されていた堤　芳男先生を紹介していただきました。ご指導を受けながら休日には中学校の図書館へ通い、歴史関係の書物を探していました。『犬島の散歩道』（井上1974）という書誌を

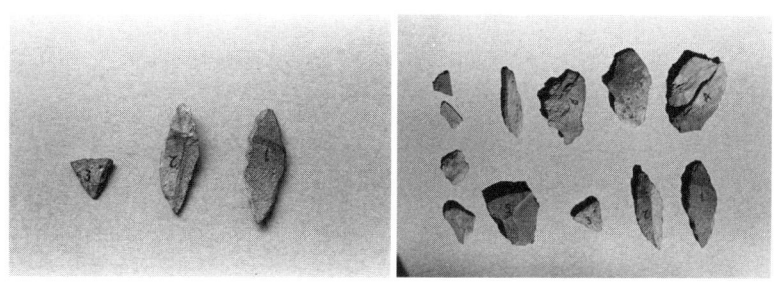

第1図　松ヶ鼻遺跡の旧石器（神谷正義氏提供）

Ⅰ 第1回 研究会・講演会

第2図 発見当時の犬島貝塚

第3図 2004年の犬島貝塚

見つけ、その中に犬島の松ヶ鼻遺跡の旧石器の記載があり、中に山南中学の久本健二先生の研究活動、専門家と犬島有志による調査などの報告が書かれていました。私は、犬島の遺跡を詳しく教えていただこうと久本先生に連絡をとり、ご指導を仰ぎました。ある時先生は、「小野君よ。遺跡を探すには見晴らしの良い場所が良い。そこには遺跡がある可能性がある。特に岬や島を調べると面白い何か見つかるかもしれない。」と、私に御教示くださったのです。それで私は、ちょうどしていた新聞配達のバイト代を渡船代にあて、再三犬島へ渡っていました。犬島で最初に旧石器が見つかった松ヶ鼻遺跡へ

犬島貝塚発見のいきさつ

行き、周りを見渡すと、近くの岬、無人島なども地形がよく、もしかしたら遺跡があるかもしれないと予測しました。それからその近くを探索し、数年後には西側にある無人島などへ探査に行きました。数年後、私と弟で犬島の西にある地竹ノ子島へ再三渡り踏査をしているうち、島の北側にある、今まで調べたことのない小島にたどり着いたのです。そこで、岩場にシジミが落ちているのを目にしました。「どうしてここにシジミがあるのか。海に住めないものがこんなところに。誰が持ってきて捨てたのか」と、不思議に思い、周囲を見渡したけれども何も無く、真上を見上げたとたん、シジミの層が目に飛び込んできたのです。「うわっ、これはすごい。もしかしたら貝塚かもしれない、ついに私は黄島、黒島以外で縄文早期と思われる貝塚を発見した」と興奮しましたが、ふと我に返り、弟を呼んで二人でそれを見上げました。この日、弟が地竹ノ子島へ行こうと言わなかったら、きっとこの発見は無かったでしょう。その後は西大寺南部を中心に、弟と知り合いの楠原　透氏と共に遺跡を探して歩きました。平成5年、私は犬島で採集した石器などを岡山理科大学の白石　純氏にお見せしてご指導いただき、犬島で採集した石器を報告しました（白石ほか1997）。そしてこの度、その成果が報われることとなりました。

13

犬島貝塚の土器

松本安紀彦

はじめに

　縄文時代とはどういう時代なのか、その中の「早期」とはどういう時期であったかに触れながら、犬島貝塚の土器について説明します。
　日本列島には旧石器・縄文・弥生・古墳…の各時代がある、多くの方が中学・高校の歴史の授業でそのように習い、また、縄文時代と弥生時代との違いについては、稲を作りはじめるのが、弥生時代、と認識されていることでしょう。
　では旧石器時代と縄文時代との違いは何でしょうか。まず、縄文時代の定義を考えてみましょう。1つ目に、日本列島において、土をこねて焼いて作った器（土器）という生活のツールが初めて登場する時期を持って縄文時代の開始とされています。それまでの旧石器時代は、火を使っていたものの、おそらく土器を用いない別の調理方法で煮炊きしていたと思われます。2つ目は、旧石器時代には獲物を追いかけキャンプ地を転々と残していくといった拠点を移す生活様式であるのに対し、縄文時代になると安定したところに比較的長期間住む、いわゆる定住型の生活様式を確立し始めた時代でした。最後に3つ目は、現代日本文化の礎を築いた時代であるともいえます。代表的な例として、漆を使った椀（漆器）も実は縄文時代の頃からあったのです。
　今のところ縄文時代の歴史は1万年以上に渡る可能性があって、日本の列島史の中で一番長い時代であるといえます。考古学の世界ではこれを、草創期、早期、前期、中期、後期、晩期の6つに分けています。
　そのなかの早期といわれる時期が、犬島貝塚の時期にあたります。日本列島の地図上、この早期の遺跡をドットを落として追いかけると、草創期より

早期になった時点でその数が非常に増え、縄文時代の中でも遺跡が大変多い時期といえます。そして土器に対する文様のつけ方、形等も、様々な要素・装飾を含みバリエーションに富んだものが爆発的に増えました。石器では、どんぐりなどを加工するためのものが沢山見られるようになります。そして、貝塚の出現がありました。

犬島貝塚の土器

犬島貝塚では押型文土器と無文土器という2種類の土器が確認されています。押型文土器の文様には二種類確認されています（第1・2図）。少し不鮮明ですが、山のような文様を山形文といい（第2図8）、木の棒などに山形の溝を刻んでそれを土器の表面に転がして文様をつけています。米粒のような粒々は、楕円文といい（第1図5）、これも木の棒などに米粒くらいの窪みを作って、それで土器の表面を転がして模様をつけていく文様です。

一方、何も文様をつけていない無文土器（第1図2）というものがあります。赤茶色の土器は2008年3月1日、貝塚のブロックの中に混じっている状態で発見されました。それを少し洗って、きれいに写真が撮れる状態にしたものです。白い帯が非常に目立ちますが、土器の表面に付着してナイフでカリカリ削っても取りきれなかった部分であり、コンクリートくらいの強度がありました。無文土器とはいえ、口縁には斜め下りのキザミをつけた装飾が施されています。最近、これと同じ様な文様を持つ土器の破片が見つかりました（第1図1）。これは焼成前穿孔土器といい、土器を形作って焼く前に穴をあけている土器です。この土器にも方向は違いますが、斜めのキザミが確認されています。焼成前穿孔の土器は、一度壊れたものを修復するために穴をあける「補修孔」とは異なり、見分けることができます。焼成前穿孔は土器を焼く前に穴をあけ焼いたために、孔とその周辺が非常にきれいに焼け、穴の径は外側も内側も同じです。補修孔の場合は、外から穴をあけたために外側が大きく内側が小さくなるため、こうした特徴が見られなければ、土器を焼く前につけた穴であるといえます。日本全国、焼成前穿孔の技術を有する遺跡がどれくらいあるのか、特に西日本中心に調べてみました（遠部2001

I 第1回 研究会・講演会

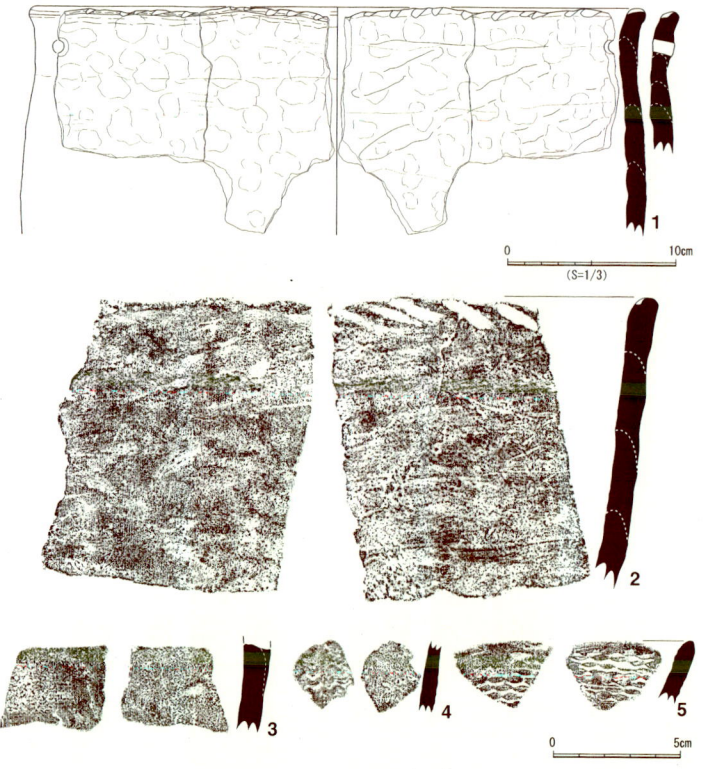

第1図 犬島貝塚採集遺物(1)

ほか)。焼成前穿孔を施す土器は約20ヶ所ほどあり、押型文土器と無文土器とに分類されます。岡山県では黄島貝塚で押型文土器に焼成前穿孔をあけている例がみつかっています(遠部2001)。現在のところ九州の特に北側を中心に、四国、南高知、瀬戸内海、中国山地の山の手方面といったルートが見えてきます。一番事例が多いのは九州であり、土器の序列や科学的な年代測定結果を総合すると、九州が最も古く、発信源として東の方に伝わったのではないかと思われます。

犬島貝塚の土器

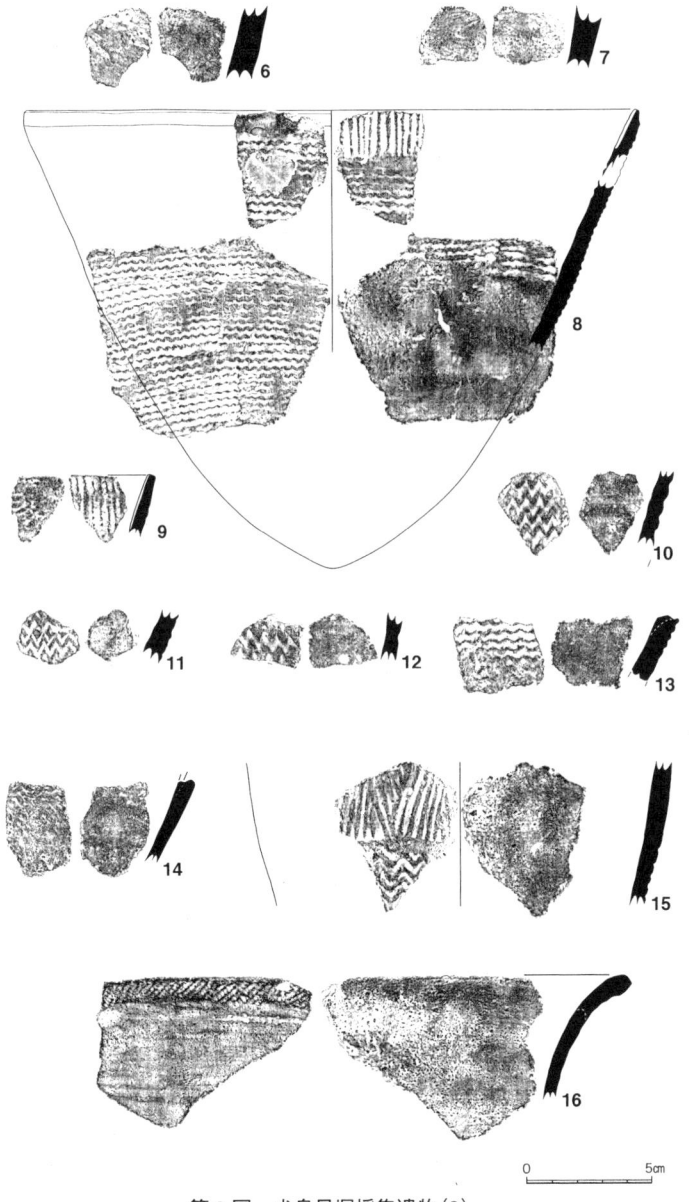

第2図　犬島貝塚採集遺物(2)

Ⅰ 第1回 研究会・講演会

刈谷我野遺跡の事例

　高知県の刈谷我野遺跡については、2003年から4年ほどかけて調査し、整理、報告（松本2005・2007）を行いました。この折に無文土器や押型文土器を学び、遠部氏ほか、研究員の方々とのご縁もできました。今般、犬島で刈谷我野遺跡と非常に似た事例の貝塚があるとのことで、ご紹介します。

　刈谷我野遺跡の焼成前穿孔土器は、内外の径がほとんど同じで、注目すべきは、口縁部の内面に縦の筋の文様を持っています。この口縁部に文様を持つ土器がこの刈谷我野遺跡では非常に多く見られます。そして、犬島貝塚の口縁部文様に対して、キザミの位置が少し内側に偏っている傾向が強いのも特徴の1つです。もちろん、犬島貝塚の無文土器とほぼ同様のキザミを持つものも相当出ていますので、比較的同じような土器の文化や製作技術を犬島・刈谷我野双方の地域で共有していたと考えられます。

　刈谷我野遺跡の石器は、石鹸形磨石といい、6面がストーンとおちる明かに不自然な形をしています。牛乳石鹸に形が似ている等、この遺跡の場合は

第3図　刈谷我野遺跡位置図

磨石、敲き石といわれる石器が非常に多く、特徴的です。当時のまな板代わりの石器は、くぼみ部分に木の実等を置いて、敲き石や擦石などですり潰すといった用途で使われたのでしょう。

　刈谷我野遺跡と犬島貝塚を比較してみると、犬島貝塚では多量の貝が残されていることから、貝に主食の重きを置いていたと思われます。どのように調理して食べていたかはまだ分かりません。それに対して刈谷我野遺跡は、ドングリ類を主に食していた集団です。ほぼ同時期に、中国・四国にわたるそれほど広くないエリアで、方や貝に、方やドングリに依存する集団がいたという相違点は、季節的な影響があるのでしょうか。貝がどの時期に死んだかという今回の分析によると、大体初夏、6〜7月という結果です。ドングリは周知の通り、秋にしかできません。1つ目の可能性として、夏には貝を、秋には移動してドングリを食べていたという季節的要因が想像できます。2つ目には、「貝を食べたい」いや、「ドングリばかり食べたい」といった趣向の差が集団の個性として考えられます。3つ目は単なる地形の差が考えられます。例えば高知県の場合は、平野が少なく山地が迫り、平地があっても急に海が深くなる地形であり、なかなか食べられるような貝が獲得できなかったかもしれません。四国一般として、貝を食べることに重点を置けなかったのではないかとも考えられます。

まとめ

　犬島貝塚は、いわゆる「海面上昇」による瀬戸内海の成立に大きく関わってきます。日本列島に住んでいるとなかなかリアルには実感できませんが、南太平洋の島では満潮や高潮時にはすぐに水没してしまう事例もあり、また、地球温暖化の影響も取り沙汰されています。犬島貝塚や周辺の遺跡を調査し、海面が上昇することによってどのように瀬戸内海が成立し、そこにどんなストレスがあり、どんな風に生活スタイルを変えて現在につなげてきているのかを研究することは、これからの地球生命体にとって多くを学べる1つの方法ではないでしょうか。

犬島貝塚の貝

畑山 智史

　犬島貝塚は主にヤマトシジミからなる貝殻が集まって出来上がった貝塚です（写真1）。今回第1貝塚から崩れ落ちた塊、ブロックサンプル（写真2）は、比較的保存状態も良いためこれを分析対象として、岡山理科大学総合情報学部生物地球システム学科の皆さんに協力して頂き、分析しました。

　重量は約5kg、表面に貝殻が見え（写真3）、一部土器片、炭化物、燃えかすや灰なども確認されます。貝層の分析にあたっては、包埋された貝殻を1つずつ丁寧に取ることから始めます。掘りやすい部分は竹串や歯科医の道具を用い、石のように硬くなっているところはナイフでも歯が立たないため、メスや歯ブラシ、ハンマーなどを駆使して、恐竜の化石発掘のように少しずつ資料を掘り出していきました。遺物内容は、計129点、内訳は、95％が汽水域のヤマトシジミで、残りは土器4点、二枚貝（種類不明）の破片が2点ありました（第1図）。興味深いものとしては、大変小さな魚の歯らしきものが1点あり、今後、顕微鏡で表面の構造体などを実物と比較し調査したいと思います。

　貝類に焦点を絞りましょう。では、この塊にシジミが何個体あったでしょ

写真1

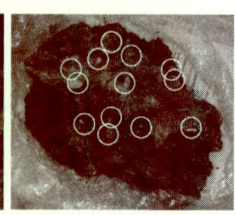
写真2

写真3

犬島貝塚の貝

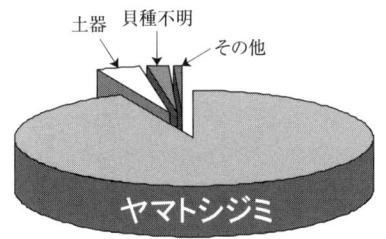

第1図　貝類の組成

うか。1つの個体に殻が二つの二枚貝は、便宜的に左殻・右殻と呼び分けて個体数を求めます。分析結果では、左殻が65点、右殻が57点ありました（写真4）。少なくとも65個体のヤマトシジミがブロックサンプルの中に入っていたことになります。

　汽水域とは、あまり聞きなれないでしょうが、淡水と海水の間にある、塩分濃度がやや低い水域で、ここに生息するシジミがヤマトシジミです。日本における在来のシジミは、淡水域2種類と汽水域1種類の合わせて3種類がいます。淡水にはマシジミ、セタシジミというシジミがいます。マシジミは、比較的輪脈が強く、逆にヤマトシジミは弱いという殻の特徴を持ちます。犬島貝塚から出たシジミは輪脈が少なく、汽水域のヤマトシジミでした。もし

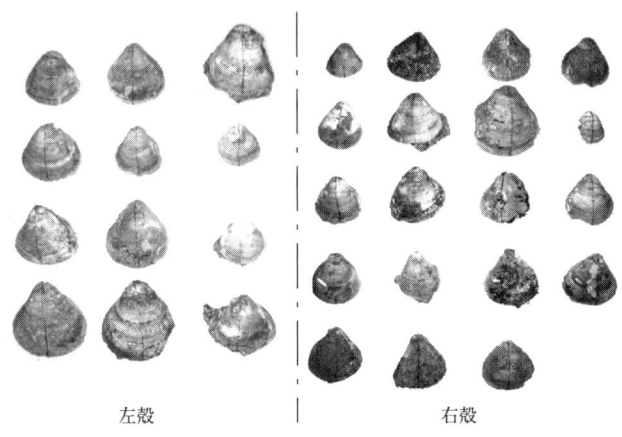

写真4　犬島貝塚のヤマトシジミ
貝殻成長線分析をおこなうための切断ラインを貝殻の背面に引いている。

輪脈の強いシジミが出土すれば、犬島貝塚が淡水の環境にあったことを意味します。しかし、マシジミなど確認できませんでしたので、犬島貝塚の当時の環境は汽水域だったと考えられます。ただし、一部にセタシジミに似たような形のシジミがあるので、今後慎重に分析を行ないたいと思っています。

　ヤマトシジミのいる汽水域から海へ近づくにつれてマガキ、ハイガイと呼ばれる貝、さらに沖へ近づくとアサリ、沖合いにはハマグリという具合に塩分濃度の違いによって生息する貝種が異なっていきます。そのため、貝塚から出土する貝は、当時の海岸の推定などの環境復元にも利用されています。

　現在の犬島と吉井川・旭川の汽水域との距離は、かなり離れていることがわかります。犬島貝塚は、瀬戸内海の成立を考える上で重要な意味を持つ遺跡といえます。

　次に貝殻成長線分析を行い、死亡時期を推定しました。ヤマトシジミを切断し断面を観察するというこの分析法によって、年齢や死亡日、潮汐や病気など貝の生きていた記録を読み解くことができます。

　分析の手順を追って観察してみましょう。まっすぐ縦に切った貝の切断面は、内側に軟体部が入るように湾曲しています。1万年前の貝でも生きていた頃にみられた紫色の色素が風化しきらずに残っています（第3図）。縄文後期の朝寝鼻貝塚（岡山市津島東）は、これらよりもう少し保存状態が不良でした。保存状態の点からも、犬島貝塚の第1貝塚は貴重な遺跡だと考えています。次に切断した面を下にして並べ、樹脂で包埋し、一度固めて次の段階へ進みます。切断面を観察するため、研磨してみやすくします。残りは塩酸を使ってエッチングという作業を行い、事前準備を終えます。

　顕微鏡で観察すると、線が縞状構造になっているのがわかります（第3図）。これは貝殻成長線といわれるもので、潮汐の影響を受けながら1日に大体2本の線が形成され、そのうちの1本が、より明瞭な線として見えます。木の年輪を想像すればわかりやすいでしょう。これを日周線と呼び、その本数を数えることで貝が何日生きたかを把握できます。また、この貝殻成長線は水温、塩分濃度などにも影響されることが確認されています。そして汽水域には、この塩分濃度というものが大変重要な関わりを持っているのです。

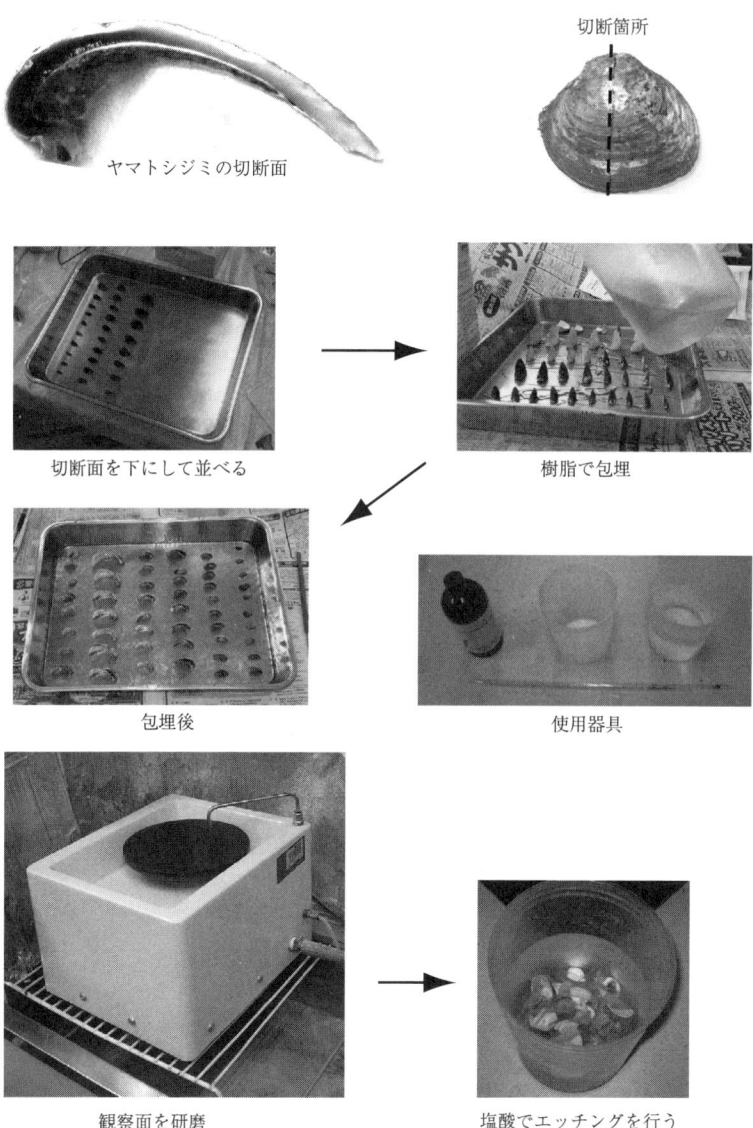

第2図 レプリカ法による貝殻成長線プレパラート製作

Ⅰ　第1回　研究会・講演会

　日周線の間隔が狭く、1年間隔で繰り返す部分を冬輪と呼びます。水温が低下することで成長が遅くなり、その幅が狭くなるという先行研究例が報告されています。日本沿岸における最低水温日は、2月15日頃で、実験では、この原理を仮説として利用します。まず、冬輪はほぼこの時期に形成されることが多いことが知られています。形成された日を2月15日と仮定し、冬輪から成長が止まった縁までの線を数えて、計算すると、2月15日以降、何日間生きたかを把握できます。

　拡大した部分（第3図）で冬輪から縁までの日周線を計測すると125本あり、2月15日から125日目の6月19日にこの貝が死んだと推定できました。ブロックサンプルから保存状態のいい貝殻を使って分析を進めた結果、多くのシジミが6〜7月の夏季に死亡したと推定されました。我々研究者かマニアでない限り、貝を獲ってから1週間も取り置く例はほぼ無いでしょうから、死亡推定日＝獲られた時期とすると、1万年前の6〜7月に、今の旭川で行われているような潮干狩りの光景が繰り広げられていたと考えられます。このブロックサンプルも、食べた日にすぐ捨てた貝殻であると思われますので、6〜7月の間に作られた貝層と推定されます。今後は、貝塚全体を分析し、

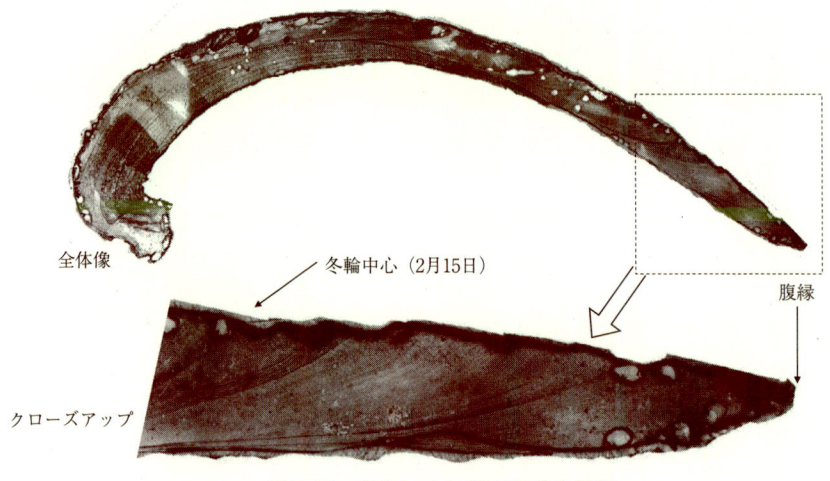

第3図　出土ヤマトシジミの貝殻成長線

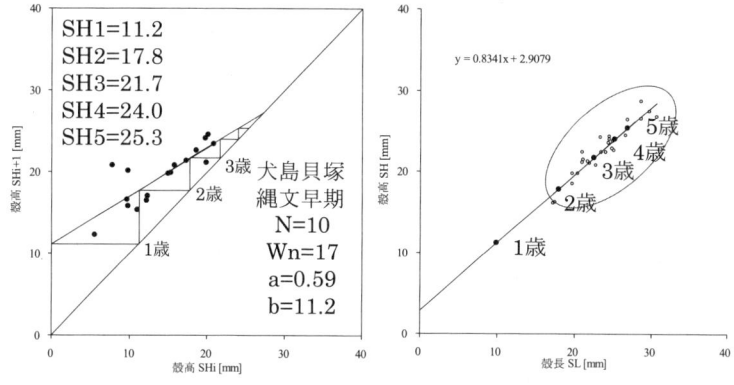

第4図　成長速度と採集年齢群

何月から何月の間に作られたのか、夏場だけか、年間を通してなのか、あらゆる可能性について検証していきたいと考えています。

さらに、犬島貝塚のシジミは1歳で9.9mm、2歳で17.8mm、3歳で22.5mm（第4図）となっており、1歳で約7mm、2歳で約15mmに成長する宍道湖産のものに比べると比較的成長が早いという結果でした。つまり、瀬戸内海が形成される以前の、比較的安定した環境に生息していたシジミの可能性が高いと思われます。

犬島貝塚の時代は、枯渇することのない豊かな水産資源に恵まれていたようです。

犬島貝塚の炭素 14 年代測定

遠部　慎

　炭素 14 年代測定が始まったのは、今からだいたい 50 年前で、最初は β 線測定法という方法でした。これには時間がかかり、非常に多量のサンプルも必要でした。後述するの黄島貝塚での 8,400 ± 350BP という測定値はこの年代測定が始まった当初のものです。今は AMS（Accelerator Mass Spectrometry = 加速器質量分析計）法という手法で、1 mg 程度、ちょうど 1g の一円玉の 1/1,000 という微量でも年代測定が可能となり、研究自身も非常に細かい分野にまで深耕しています。

　測定値と実際の年代には違いがあり、注意を要するところです。これまで、大気圏内核実験による放射線の影響をあまり受けていない 1950 年を基点とし、そこから 8,400 ± 350 というその数字を引けばよいと理解されてきました。BP（Before Present もしくは Before Physics）の付いた数字が頻出しますが、これは機械の算出したおおよその計測値であり、実際に何年前であるかに結び付けるには、暦年に換算する国際較正曲線（INTCAL 98）によって再計算する必要があります。その結果は、詳細は割愛しますが、「calBP」あるいは「calBC」（紀元前○○年）と表されます。

　さて、縄文時代早期はいわゆる海進が始まった時期で、当時の人はどのように活動し、その自然環境に対してどう対応していったのでしょう。また、押型文土器とは、北は東北、南は鹿児島まで広域に分布する土器ですが、どういう背景で広がっていったのでしょうか。それらを読みとく、手がかりの 1 つとして、私は、貝の年代測定を行っています。年代を測ることによって、貝を当時の人々がどう取扱い、あるいはどのように食したかということがある程度読み取れるのです。

人類は非常に古い段階から貝とのつきあいがありました。例えば首飾りなど装身具は非常に古く、2～3万年前の旧石器時代から見つかっています。ところが、貝塚になると東日本で1万1,000年前、西日本でも1万年前程度前からになります。つまり、貝を知ってはいても、事後にゴミとして大量廃棄するようになるのは比較的新しいことだといえます。こうした貝の利用の変遷を考える上で年代測定というのは非常に役立つツールであり、当時の季節的要因や、酸素同位体比から割り出された当時の水温などと結びつけながら、幅広い研究につなげていけるのです。

　押型文土器（第1図）は、基本的に近畿・中部地方で成立したとされています。年代測定をした結果に加え、その土器がどの地域で出て、どの地域で出ていないかという分布を詳しく調べると、近畿地方周辺で成立した後、中国・四国地方に伝わり、問題となる山形押型文や楕円押型文（黄島式土器）の段階を経て、約10,000年前～9,500年前に一気に九州まで到達したということが分かっています。また、先述の焼成前穿孔土器はこれと逆の流れで伝わっています。東から西へ文化、土器が伝播するとき、瀬戸内海では海進がおこるという、極めて特徴的な段階の諸現象の解読を試みているわけです。

　縄文海進とは、ヤンガードライアスと呼ばれる最終氷期以降の地球温暖化が進む頃の今から約11,500年前～7,000年前までの長期間に渡っておきた海面上昇のことで、一般的には、7,000年前の頃のことを指します。

　環境が常に変わり続けるこの時代の裏付けとして、瀬戸内市の黄島貝塚や

第1図　押型文土器（円棒に彫刻を施した原体を回転して施文した土器）

ヤマトシジミ（犬島貝塚）　　ハイガイ（黄島貝塚）

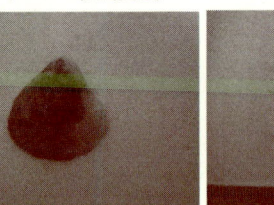

第2図　汽水から干潟へ

　黒島貝塚の発掘調査の所見では、構成する貝種がヤマトシジミ主体からハイガイ主体に変わるという流れが確認され（鎌木1949、間壁1961）、汽水から干潟への急激な環境の変化が要因であろうと理解されています（第2図）。
　そして、黄島貝塚のハイガイの年代が8,400 ± 350BPでした（Crane & Griffin 1955）。こうした結果に基づき、瀬戸内海は黄島式の段階にあって、極めて短期間に形成されたのではないかと考えられています。
　約2万年前、日本は朝鮮半島まで完全に陸地でした。倉敷市立自然史博物館には、ナウマンゾウをはじめとする動物骨が展示・保管され、この海域では、今だに多くの動物骨が定置網にかかり引き揚げられています。動物の往来が、そこが陸続きであったことを物語っています。その後の約1万5、6,000年前から関門海峡はふさがったままの状態で、大分県側と大阪の2方向から海水が流入して瀬戸内海が形作られたことが知られており、専門用語では「閉鎖性海域」と呼ばれる世界でも例の少ない海域でもあります。海水の流入順序についてはこれまで、仁尾市の小蔦島貝塚からハマグリやハイガイ等干潟よりも海に生息する貝が多く出土したため、大分県側（愛媛・香川・山口県側）の方が海の進行が早いのではないかと考えられていました（第3図）。黄島貝塚の事例でも、地中の下部（年代不明）にヤマトシジミが、上部に（およそ9,600～9,500年前）ハイガイが出土しています（第4図）。この1万年前から9,000年の間は、海進を理由づける遺跡やデータが極めて少ないのが現状で、ことさら詳細な研究が望まれる分野であるといえましょう。
　次に年代測定の手順を説明します。まずサンプルを記録し、先端を5mm

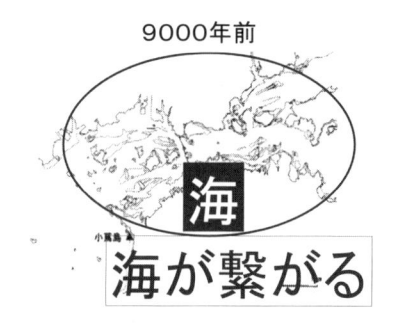

第 3 図　瀬戸内海の成立

ほどに切って試料として使います。これを酸に溶かしてきれいにした後、細かく砕き、二股試験管に入れてリン酸と反応させます。発生した炭素、CO_2 を真空ラインに導き、グラファイト化します。それをタンデム加速器施設（東京大学原子力研究総合センター）で一晩測定します。このように何工程もの作業を経てようやく年代測定ができるのです。

　犬島貝塚からは 2 つの年代値が得られ、実年代を計算し簡略化したのが第 5 図です。ヤマトシジミの測定については、汽水域という微妙な生息域から、海と陸のどちらの計算方法を当てはめるかという問題がありましたが、土器型式や前後関係を熟慮した結果、基本的には陸の計算法を用い、較正曲線 Intcal で換算しました（遠部ほか 2007）。これまでの研究では、香川県豊島：礼田崎貝塚と岡山県瀬戸内市：黄島や黒島貝塚（遠部ほか 2005）には年代差があるということが分かっており、礼田崎貝塚と犬島貝塚では山形文の、黄

Ⅰ 第1回 研究会・講演会

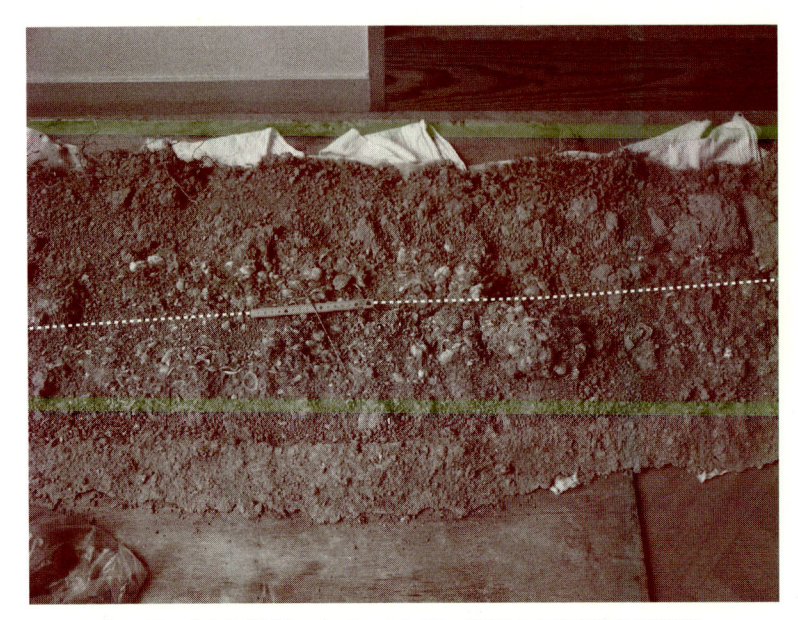

第4図 黄島貝塚（線の上がハイガイ層 瀬戸内市教育委員会所蔵）

島貝塚では楕円文の文様を持つ土器が中心であることを加味し、犬島貝塚は、僅かにその中間に位置づけられるのではないかと考えております。

　貝種の違いは、その生息環境や遺跡の周辺環境の違いそのものを映していると考えられます。淡水、汽水、海水の3つに大別される生息エリアのうち、ヤマトシジミは汽水の塩分濃度約10％前後の絶妙なバランスの中で生息し、かつ、環境があまりにも変化すると生きていけません。今から何年か前に、代表的な汽水域である宍道湖・中海の干拓・淡水化計画の是非をめぐり、ヤマトシジミの大量死がとりあげられたことがありました。また、陸のマシジミが住むところにヤマトシジミを放流したらどうなるかというと、約数ヵ月は淡水の中でも生きのびるものの、その一代で終わってしまいます。基本的には汽水でしか生きられなかったという結果が得られています。ヤマトシジミは、この限られた生息域であるが故に、大変優れた研究の指標となっているのです。また、海の貝は、塩分濃度が濃くなるにつれ、マガキ、ハイガイ、アサリ、ハマグリというように生息域が変わることがこれまでの研究でわ

犬島貝塚の炭素 14 年代測定

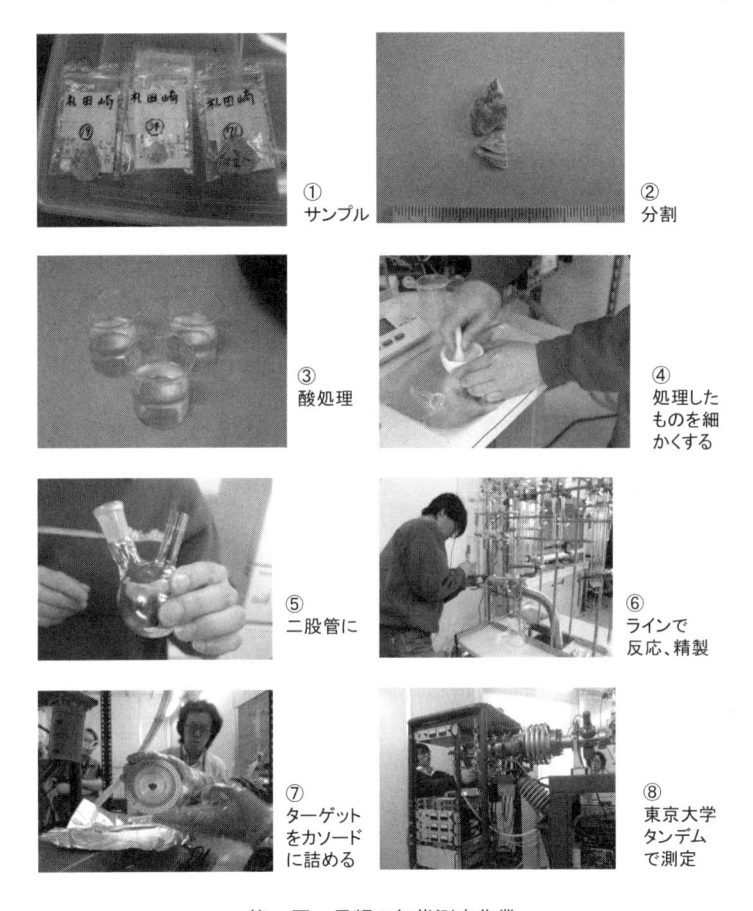

① サンプル
② 分割
③ 酸処理
④ 処理したものを細かくする
⑤ 二股管に
⑥ ラインで反応、精製
⑦ ターゲットをカソードに詰める
⑧ 東京大学タンデムで測定

第 5 図　貝類の年代測定作業

かっています。瀬戸内海における縄文時代早期の貝塚は 10 か所程度で、組成する貝類をまとめると（第 6 図）、ヤマトシジミ主体、ハイガイ主体、ハイガイとハマグリが半々の 3 種類に分けられます。地図上では約 20 〜 30 km の間で非常に異なるタイプの貝塚が存在することになり（第 7 図）、土器の編年や年代値を組み込んでいくと、汽水から干潟に変わる 1 つの流れが見えてきます。

　一方、香川県の端にある小蔦島貝塚は、研究当初からその周辺が海であっ

I　第1回　研究会・講演会

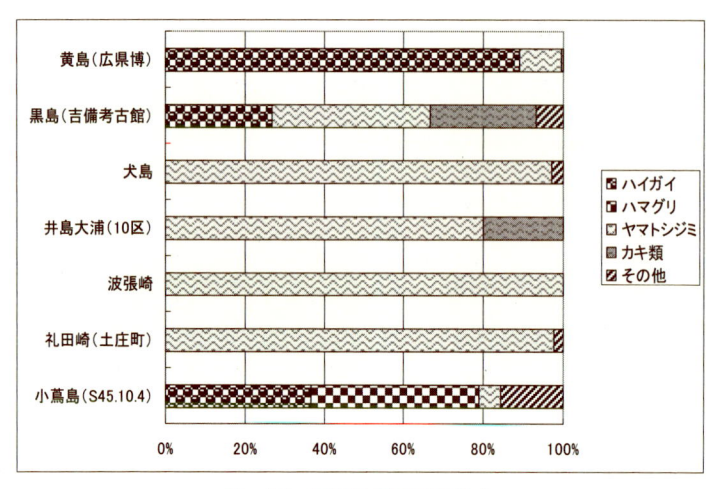

第6図　早期貝塚の貝類組成

た状況がわかってます（間壁1961）。水島の地下ボーリングの結果、地下約17mからカキが見つかり、8,000BPの頃にはかなり海が入ってきたと判明しました（鈴木2004）。犬島貝塚周辺の研究により、この8,000BPより以前のあたりがかなり整備されてきます。特に重要な点は、汽水域の貝であるヤマトシジミが礼田崎貝塚、犬島貝塚で見つかり、干潟の貝であるハイガイが瀬戸内市で、海の貝であるハマグリが反対の香川県側で見つかっているということです（第6図）。これにより、現在、瀬戸湾周辺は橋が架かるほど浅く深さ平均も80mですが、1万年前当時は、小蔦島貝塚のある仁尾町周辺は瀬戸内海の平均値よりもずっと深く、瀬戸内西部はかなり海化しており、瀬戸湾周辺から牛窓にかけては汽水域であった可能性が高いと考えられます。では、黄島貝塚が成立したころはどんな状況だったのでしょう。瀬戸内海西側は変わらず深い海でのまま、牛窓周辺では干潟ができ始め、約500年で完全に海としてつながったのではないでしょうか。このように遺跡のデータから、わずか1,000年ほどの間におきた環境の急変を読み取ることができます。約9,500年前の瀬戸内海の沿岸にある帝釈峡・上黒岩・穴神などの山中にある洞窟遺跡からは干潟のハイガイが、近畿地方や九州の鹿児島エリアからはもっと深くに生息するハマグリ等の海の貝が出土しています。大分や大阪方

犬島貝塚の炭素 14 年代測定

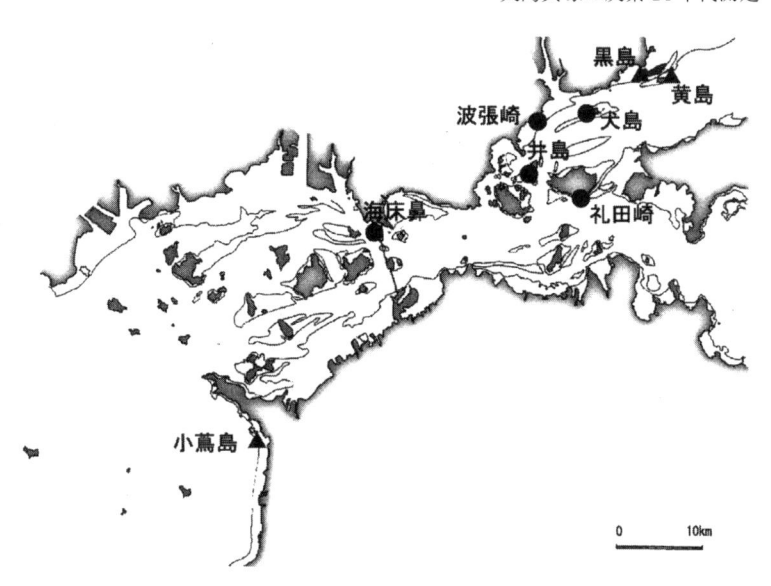

第 7 図　瀬戸内海における縄文時代早期の貝塚群
（●は汽水性、▲は鹹水性：地図の薄い線は水深 10m を示す）

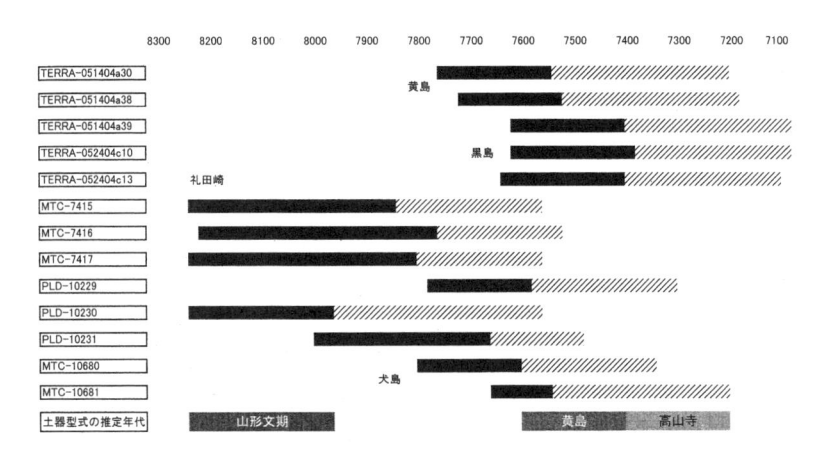

第 8 図　犬島の年代（cal BC■は Intcal、斜線は Marincal で計算した場合の較正値）

33

面から海が攻め入る一方で、真ん中の瀬戸内海が最後まで汽水域だった、そんな1つのシミュレーションを裏付けるものでしょう。

　山中で見つかる貝は、おそらく、その尖端を削って刃として使ったのではないかと考えられる場合もあります。これを含め、各地の貝塚の出現の話を大雑把にまとめると、貝塚の成立順序は、汽水域のヤマトシジミがまずはじめに、その後、ハイガイやハマグリの貝塚が成立します。そうした中で、中国・四国の貝塚の方が、例えば九州や近畿のものと比較して僅かながら、年代的に古い可能性が高いのです。この瀬戸内海というエリアが、干潟や海洋の貝を取り扱ううえで、意外に重要な役割を果たしていた可能性があるのではないかと考えております。

　先述のとおり、山形文の頃の貝塚というのは瀬戸内海に貝塚の出現する位置にあります。その内容はヤマトシジミが中心で、測定年代は、犬島貝塚に関しては約9,800～9,600年前となりました（第8図）。瀬戸内海最古ではありませんが、現状で見つかっているデータを基に考えますと、犬島貝塚は岡山県ではおそらく一番古いと思われます。逆に豊島：礼田崎貝塚との前後関係が見えたことによって、汽水域の時代が結構長く500年以上続いたのではないかと思われます。さらに黄島貝塚がそれより新しいとなると、犬島貝塚は東西の海がつながってしまう直前の時期に出現したと位置付けられるのではないでしょうか。この貴重な犬島貝塚から優れた資料を最大限に引き出し、さらなる研究を推し進め、またその崩壊を何としてでも食い止めるよう、早急に手を打ちたいと考えています。

犬島貝塚の三次元計測

小 谷 明 治

はじめに

西部技術コンサルタントの三次元計測技術を犬島貝塚調査保護プロジェクトチーム代表の遠部氏に提案し、犬島貝塚の三次元計測を行いました。

計測目的

地竹ノ子島の詳細な平面図作成と崩壊の進む貝塚の三次元デジタルデータ記録保存のため、三次元計測を行いました。

計測範囲

島全体（緑の範囲）の三次元計測を行いました。貝層部分（オレンジの範囲）については、さらに高密度で詳細（計測間隔1mm以下）な三次元計測を行いました。

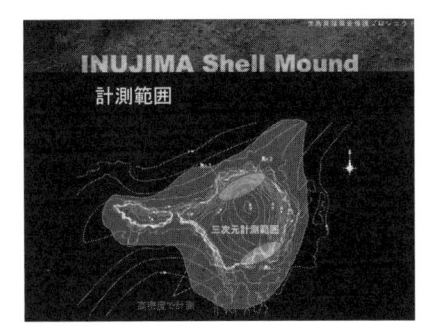

Ⅰ　第1回　研究会・講演会

島全体の三次元計測

　島全体の三次元データ取得には、地上型三次元レーザースキャナを使用しました。

　この機器は、土木・建築・文化財等の計測に使用されています。

　計測距離は2～350mです。

貝層部分の高密度三次元計測

　貝層部分の高密度で詳細な三次元データ取得には、非接触三次元デジタイザを使用しました。

　元々は工業製品の検査用に使用されていた機器ですが、現在は文化財の計測にも使用されています。

　計測距離は0.6～2.5mです。

　日中は太陽光の影響によりレーザー光の受光ができませんから、日没以降に計測を行いました。

その他の測量機器

　地竹ノ子島には計測の基準となるポイントがありません。そこで、ＧＰＳ測量機とトータルステーションを使用し、基準ポイントの位置情報を求めました。この位置情報により地竹ノ子島および貝層の正確な位置を把握することができます。

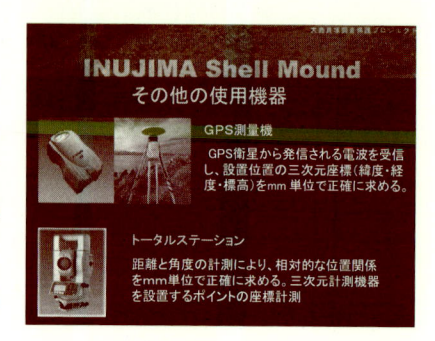

犬島貝塚の三次元計測

現地での計測（測量）状況①

　ＧＰＳ測量で人口衛生からの電波を受信することにより、位置情報（緯度経度および標高）が取得出来ます。この位置情報を基に三次元計測を実施することで、島全体の三次元データを取得しました。

現地での計測（測量）状況②

　島全体の計測は地上型レーザースキャナで行ないました。機器の操作はすべてパソコンで行います。一度に島全体は計れませんから、島外周の海辺18か所に機器を設置し、島全体の三次元データを取得しました

　データ取得は縦横5cm間隔で行いました。また、地上型レーザースキャナは位置情報だけでなく色情報も取得できますから、今回緯度・経度・標高のほかに色データを取得しています。

現地での計測（測量）状況③

　貝層は高い位置にありますから、非接触三次元デジタイザのレーザー光が届きません。そこで、足場を組んで上部に計測作業場所を設置しました。

I 第1回 研究会・講演会

現地での計測（測量）状況④

　貝層正面から約60 cm～1 m位の離れた位置に機器を設置して計測を行い、高密度のデータを取得しました。1回の計測範囲が縦20 cm×横30 cm程度ですから、計測範囲をラップさせながら165回の計測を行ないました。1回の計測所要時間はおよそ15秒程度です。

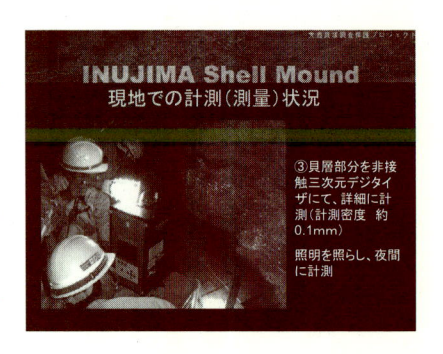

取得したデータ

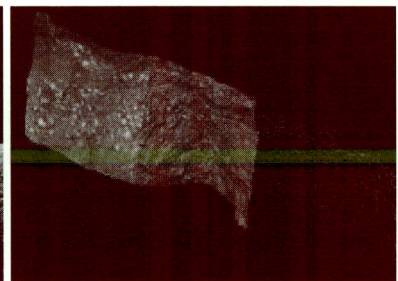

おわりに

　今まで、弊社は土木・建築分野における測量・設計業務を主に行ってきました。ですから、今回このような分野で我々の測量・計測技術が活用できた事は、弊社にとっても貴重な経験でした。今後、三次元計測技術が考古学の分野でも活かされるよう、我々も日々勉強してさらに経験を積んでいきたいと思います。

第1回研究会/講演会　総合討論

司会：遠部　慎

司会：以上で本日の発表は終わりましたが、質問をいただいておりますので、今からお応えしていこうと思います。
　まず、「貝塚発見者の小野さんに質問です。貝塚を発見した時の感想をもう一度聞かせてください。」
小野：貝塚を発見するまでに、私の場合約4年かかりました。中学の頃から考古学に興味を持ち、遺跡を踏査して、犬島へ度々通ううちに見つけました。
司会：「喜びと興奮などをちょっと伝えてほしい。」とありますが。
小野：発見のいきさつの中に詳細を書いておりますから、そこをお読みになってください。もう少し？　いやぁ、もうこれ以上は思い当たらないのですが。申し訳ございません。
司会：無理なところ搾り出していただいて、どうもありがとうございます。では、まだ若干お時間もございますので、この会場の外で見ている方でも結構ですので、なにかご質問等ございましたら受け付けます。手を上げていただければ、そちらにマイクをお持ちします。
工藤　博：遠部さん、先程これからの保存を考えていかなければいけないと言っていましたけれども、どういう方法が考えられるのですか？
司会：例えばですが、よく貝塚の保存では貝の表面を全部固めてしまって、それで終わりにするケースがよくあります。犬島貝塚の場合は保存状態が非常に良いので、どういった形で残すかは今検討しているところです。まず、考古学的にその遺跡の性格を1回しっかりと把握しないといけません。これは彦崎貝塚などもそうなのですが、国指定を受けるなどちゃんと保護をするには、発掘データが不可欠です。ですから、新聞でもありましたように、な

Ⅰ　第1回　研究会・講演会

んとか発掘調査をできるよう作業を進めておりますので、一応そのデータを基に今後考えていきたいと思っています。

　発掘に関しては、できるだけ早く取り掛かろうと思っておりますが、なにぶん学生が中心になりますので、夏休みなどのシーズンにやる可能性が極めて高いです。もしよろしければ、そういったご案内を、また皆様のところに出させていただきますので、何卒、辺鄙な場所ではございますが、是非一度ご覧になっていただけると非常にありがたいです。

　ロケーションはすばらしい場所ですので、眺めているだけでも非常に良い場所です。船を出せばすぐなのですけれども、なかなか皆さん船を持たれていないので、公共の交通機関はどうしても宝伝の方から来る形になります。是非一度この犬島のほうにも、来ていただけると嬉しく思います。8月には「犬島時間」という現代アートのイベントがあるのですが、その中で3日と9日には私と今日発表いたしました小野が、また現地でいろいろとゆっくりお話できるかと思いますので、そちらも良かったら参加していただければなと思います。

辻野喬雄：すみません。この土器の方なのですが、九州のほうのあるいは大分の辺り、阿蘇の辺り、あの辺からの発生を求める、と捉えたのですけど、その後、土器だけが自立していったのか、土器＋人がずっと流れていったのか、その辺をちょっと知りたいと思います。それと島ですので、粘土などがでないと思うのです。ですから、その焼成したところの場所だとか、そういう風なことで何か特徴が出てきたらと思うのです。また、九州のほうと四国の高知、今度みつかった犬島との粘土の質、その辺がどんなものかなぁと思うのですが、そのあたりお願いします。

司会：九州とかの流れは、この焼成前穿孔土器以外にもいくつかあるとは思っております。もう1つ、香川県、五色台の方でサヌカイトが取れるのですけれども、犬島の貝塚で出ている石器はほとんどのものが香川県の方から出るサヌカイトを使っております。ですから、非常に複雑な流通網が犬島貝塚をめぐって形成されていると考えております。九州と四国で出土する焼成前穿孔土器のうち、犬島貝塚のものはどちらに近いのかという話をしますと、

40

四国の土器のほうが、感覚的には近いと考えております。どこで作ったという話につきましては、胎土分析などを実施してみたいと考えています。周辺地域の土器をどこで作ったかということについては、どうしても土器を砕かないとわからないので、そういったサンプルを今集めているところです。

おそらく皆さんもうすうすお気づきかと思いますが、瀬戸内海の島で土器を作ることはまずありません。ですから、あの土器がどこからか来ていることは間違いないと思います。もう少しいろいろな研究が進めば、そのあたりも見えてくるのではないかと思います。

質問：その貝塚の縦横の広さはどのくらいあるものでしょうか。というのは、例えばそこのところで生活した人の生活の年数、1年しかいなかったとか、そこに三世代、あるいは四世代も居たとか…。

司会：基本的には犬島貝塚のよくテレビとか報道で出ている第1貝塚は横幅が9m、北側にある第2貝塚のほうが約11mということがわかっております。ところが奥行きが良くわかってない。発掘調査を是非したいと考えているのは、そういうところからです。普通は、黄島貝塚とか黒島貝塚とか他の貝塚は貝塚を歩くと、貝がパラパラ散らばっています。何故かよくわからないですが、こちらの犬島貝塚の場合は島の上に卵塔墓：豊島石のお墓があるのですが、お墓があるということはまずは穴を掘ります。普通に。そして、その上に塔をおきます。そうした状況でも、それだけ掘り返したら、お墓を作るくらい掘り返したら、普通、貝ってこう、散らばると思いますよね。多少ごちゃごちゃ掘っても、まだ貝層まで達していないか、二手にわかれているか、その2つの可能性が高いです。

あと犬島貝塚は非常に残りがいいのです。私が知る限り、この瀬戸内海で1，2を争う残りの良さだと思います。ただし、9mとか10mなんです。たとえば東日本に行くと、貝塚一つが100mと、ものすごい規模なんです。ところが瀬戸内海の貝塚というのはそういった大きさのものではなく、もうちょっとこじんまりとしたものが中心です。中には30〜40mのものもありますが、10mという非常に小規模な貝塚です。また、年代幅の話ですけれども、測っている中では8670±40BPと8570±40BPという2つの測定

値があります。単純に中心値を比較すると、おそらく貝塚が100年以上の時間をかけて形成したものだと考えられますが、そういった細かい貝層の解析というのを今後発掘調査によって、追いかけていきたいと思っております。

実は今のところ、畑山さんの発表にもあったとおり、崩落したブロックは犬島貝塚のものなのですが、どこからというのは比較的不確定な情報のままで研究をしているのです。でも、これからレーザー等で測定し、実際どこでその資料が出て、どういうものなのかという確定した情報をもっと追いかけることによって、暑さ30 cm 以上ある貝層ですのでおそらく何時期もあることが明らかにできると思います。そういった細かい時期、例えば200～300年という間を、さらに今後細かく追いかけていきたいと考えています。

また、第2貝塚のほうもありますので、二つある貝塚が、それぞれ一体どういう性格に基づくものなのかということを、今後考えていければと思っております。

白石通弘：愛媛県からこのお話を聞きに来ましたが、今回この岡山県の、香川県と岡山県ではさんだ瀬戸内海、豊島とかいくつかのポイントで囲まれた貝塚のお話を興味深く聞かせていただきました。瀬戸内海がどのようにしてできてきたかと、2万年前は平原であって、1万5,000年くらい前から海水が徐々にじわじわ上がってきてこういう風になったと、大雑把に言うとそう聞かされているのですが、貝塚が、現在わかっている貝塚といえばいいのか、それが集中的に岡山県と香川県を結ぶこの海域に特徴的に出ているのですか。瀬戸内海はいろいろと、広島県とか岡山県だけでなくて山口県とかいくつも貝塚がありそうだし、ついこの間までは、アサリのたくさん獲れた所が現代でもいくつかあったわけですね。それがこの瀬戸内海の形成時に、それがイコールどこにでも貝塚があったということはいえないのでしょうけれども、どうしてこの岡山県と香川県に囲まれた島々に集中的に出てくるのか。あるいは、いろいろ探せばほぼ全域に出てくるのか。その辺の全体像をお話していただけませんか。

司会：非常に良い質問なのでこれを最後の質問にしてお応えしたいと思います。基本的に瀬戸内海の海水の深さを考えますと、この岡山県とか香川県エ

リアというのは、海進が約 10〜20 m と非常に浅いエリアです。そうしたエリアは遺跡的に考えても、極めて残りやすいという特徴がまずあります。それプラス汽水域だったということと、あと両側からこう入っているということが明らかですから、理論的に考えて、最後までこのエリアが陸地に近い環境だった可能性が極めて高いのです。このエリアは、少なくとも汽水のヤマトシジミ貝塚に関しては、この 21 世紀にもあれだけすばらしいものが残っておりますので、僕の希望的観測なのですが、まだこういう貝塚が 1〜2 個眠っているのではないかと考えております。

逆に愛媛県とか兵庫県のほうは何ヶ所か可能性があるみたいですけども、まだこのエリアで遺跡を探すのは大変なので、そこまで手を伸ばしてはおりません。けれども、海がどんどん両サイドから進行していくということを考えると、岡山県とか香川県のエリアにかけてはまだいくつかこういった遺跡が残っているのではないかと考えております。ガソリンが非常に高いとは言われているのですけども、船で探しにいく価値はあると思います。もし 1 つでも見つかれば、まだ瀬戸内海の縄文時代早期の貝塚は 10ヵ所くらいしか見つかっておりませんので、その 10 個の中に名を連ねることになります。

実を言うと、関東の貝塚を含めて考えても、日本の古い貝塚ベスト 10 の中には、例えばこの犬島貝塚は確実に入りますので、今頑張って探せば、ベスト 10 に新しい貝塚が加わることになると思います。

さて、一旦質問のほうはここで打ち切らせていただきます。最後にこの研究を見守り、なおかつ犬島について詳しく研究なさっている方が会場にいらっしゃいますので、一言コメントをいただきたいと思います。

在本：皆さん今日は暑い中、お忙しい中、こんなに大勢集まってくださり、大変ありがとうございます。私に振られるとは思ってなかったものですから、内容をぜんぜん考えておりません。私は犬島に住んでおります。犬島は、現在人が大変少なくなりまして、60 人が暮らしています。子供たちも巣立っていき、高齢者ばかりです。岡山市にこんな素敵な島があるのですという事を、何らかの形で書いて残しておかないといけないと思って活動をしております。ベネッセの福武会長も注目してくれて、百年前の銅の精錬所跡地に美

Ⅰ　第1回　研究会・講演会

術館を平成20年の春、開館しました。
　その前の年の暮れに、突然岡山大学の先生の紹介で遠部さんから連絡がありました。貝塚の調査に行くので、是非犬島の人に協力してくださいと申し入れがあったのです。「えーっ、貝塚ってなぁに？」位しか解らなかったのですが、遠部さんが来島し調査をし始めると、「すごい、これはとても素晴らしい状態で残っている」と感嘆なさいました。私は何かお手伝いをすることがあればと思いました。小野　伸君はずっと以前から犬島にも来ておりますし、顔見知りで郷土史の会の仲間です。
　犬島は石の島で、私は石おばさんとして犬島の石の調査はしておりますが、せいぜい400〜500年位前のことしか解らないのですよ。1万年前の人が住んでいたなんて、サヌカイトの石器が出ておりましたから、このあたりでは一番早くから人が住んでいたのだろうなどとは思っていたのですが。これはすごいことなのだと思い、私が協力できることは協力しましょうと申し入れました。地権者を調べてくださいという事なので、調査を始めましたら、これが大変でした。普通田舎でしたら、昔からあの場所は誰のもの、あそこは誰が持っているというのがすぐ解るのですが、犬島は本当にとても面白いところで、誰のものかというのが解らなかったのです。法務局にいき調べましたら、東京にお住まいの人でした。東京で調べましたら、個人情報保護法が邪魔をして、解りません。その場所には大きなビルが建っておりました。この会場にも来て頂いておりますが、市会議員の先生、警察の方、税務署の方、私が知っているいろいろな方にお願いしても全然わからない。島の人は犬ノ島の岡山化学工業株式会社さんの物だというのですが、会社の物でもなく全然手がかりがありません。困ったなと思っておりましたら、福武教育文化振興財団の事務局の方がとても力を入れて調べてくださいまして、やっとわかりました。お陰で許可も頂き発掘調査もさせていただくことができました。本当に私もやれやれ、ちょっとほっとできたなぁと思っております。
　本日おいで下さった皆様に地竹ノ子島に来ていただき貝塚を見て頂きたいと思います。しかし、この島は回りにたくさんの岩礁があり、大きな定期船では島に上がることが出来ません。岩がいっぱいあるので、磯を良く知って

いる人でないとあがれません。ですから、よくお聞きになって、予約をなさって、それからお訪ねになってくださいますようにお願いいたします。

　本当に遠部さんが言うように保護が必要です。平成16年の台風で、貝塚の層がばかっとはがれました。早急な保護と調査が必要だとつくづく感じます。

　犬島アートプロジュクト「精錬所」がオープンし犬島が注目されたことによって、遠部さんも注目してくれて、小野さんも一躍スターになりましたので、私もとても喜んでおります。

　取り留めのない話になりました。お許し下さい。

　これからの犬島も予想以上のものがいろいろ出るかと思います。「昔、子どもの頃に、ここに貝塚があったから調べて下さい」そんな問い合わせもあります。みなさんに関心を持っていただいております。

　岡山市で唯一、人が住んでおります犬島でございます。美術館のほうも開館し、島のおばちゃんたちもとても元気になっております。どうぞ是非一度お出かけになってください。

　本当に今日こんなに大勢の方が来ていただくとは予想しておりませんでした。熱心に聞いて頂き本当にありがとうございました。

司会：突然に振ってすみません。どうもありがとうございました。何とかこれから発掘調査をしまして研究を進め、早い段階で第2回目、タイトルのほうは私のほうで勝手に決めておりますが、「犬島貝塚の発掘」、これが行われることを信じて、今日の研究会を終わりたいと思います。

　会場の外まで本当多くの方にお集まり頂きどうもありがとうございました。今日この日のためにスタッフにはものすごい苦労をかけました。そのスタッフに感謝の意をこめて拍手をいただければと思います。遠方からこられた方も多く、本当にみなさん今日はどうもありがとうございました。

【コラム】

旅する小さな博物館
―豊島のトランク―

市 村　　康

はじめに
　香川県土庄町豊島の産廃不法投棄現場には「豊島のこころ資料館」があります。産廃視察の時には住民が必ず案内してくれる場所です。資料館には産廃撤去に向けて苦闘した豊島住民の運動の記録や産廃の剥ぎ取り壁面とともに、豊島の自然や営々として築かれた棚田などで日々生活する豊島住民の写真などの資料が展示されています。視察者の中には展示資料の貸し出しを希望する人も居り、そういった要望に応える為に創られたのが「豊島のトランク」です。

可般型展示システムとして
　トランクの第1号は、大型の旅行用トランクに不法投棄現場北海岸に大量に打ち上げられた貝殻を分類して透明なセルロイドのチューブに入れたものを自分で撮った豊島の写真パネルなどとともに納めました。琵琶湖博物館で湖底のボーリングコアを透明なチューブに入れて展示していたのを見て強烈な印象を受け、百円ショップで売っていた透明チューブを買い、それに貝を入れました。廃棄物そのものの展示貸し出しが困難な事もあり、そのかわりにトランクには産廃により壊滅的な打撃を受けて死んだと思われる貝殻を入れて展示する事にしましたが、トランクに入れられた貝殻はある面で、豊島産廃事件の「歴史の証人」でもあり、それらを宅配便で送って展示できるように梱包材も工夫し壊れにくく軽量に創りました。時には製作者本人が登山用の背負子に背負って持っていったり、自転車やバイクで運び展示したりもし

ました。最初は地元香川県内での展示が主でしたが、次第にマスコミなどでも報道されるようになり、東は東京から西は福江島まで各地で展示されるようになり、高校の文化祭や市民団体や生協の環境展示などでも利用されるようになりました。

「豊島から犬島へ」～豊島学(楽)会の研究者とともに

　豊島住民や豊島を研究する科学者・研究者・市民によって設立された豊島学(楽)会でも、毎年行われる研究発表会や「島の学校」でも展示され、豊島学(楽)会の会員である研究者からの要請で貸し出しも行うようになりました。礼田崎貝塚などの考古学の新しい発見もあり、それらの情報を加えた第2号・3号のトランクも創りました。

　第2号のトランクに関しては犬島貝塚調査保護プロジェクトの遠部　慎代表から提供された犬島貝塚の貝層のサンプルや、豊島の礼田崎貝塚で表面採集されたヤマトシジミや土器片などが入れられ、瀬戸内海研究フォーラム（2009.9）、廃棄物学会（2009.7）や福武学術文化振興財団の成果発表会や岡山市デジタルミュージアムなどでも展示され、各地での研究者たちからの反応も良く、多分一番展示で活躍しているトランクと言えます。また「犬島時間」（2008.8）ではアートの作品とともに貝塚の発表展示として展示されました。

　第3号のトランクは17inのLCDと3.5φのステレオ入力端子付きのパワーアンプとニシ貝（アカニシ）の殻に組み込んだスピーカーが装備され、ノートパソコンやDVDプレーヤーと繋いで豊島のニュース報道などの動画や音声で表現の可能性を拡げる事ができました。LCDなど壊れやすいものを装備している事から、宅配輸送には梱包材の配置などで一番神経を使いますが、高校の文化祭などで展示され好評でした。

　第4号のトランクはオリーブ基金の運営委員からの要請で「豊島の里山の秋をトランクの中に再現して欲しい」との事で、秋の木の実をドライフラワーやリースの感覚で組み込み、パワーアンプやニシ貝スピーカーとともに7inのデジタルフォトフレームを装備し、PCなしで豊島の動画や音楽など

I 第1回 研究会・講演会

が連続再生できるように工夫しました。また、少し小さめのトランクにしたので宅配便だけでなく、自転車やバイクや高速バスなどで輸送するのにも便利な大きさとなりました。

　全国の離島が集まった「アイランダー08」(2008.11)では1～4号までの4つのトランクを全部展示しましたが、他の島のブースとは一線を画す印象で観覧者の足を止めるアイ・キャッチャーとしての役目を遺憾なく発揮しました。

【コラム】

直島町寺島採集の縄文時代遺物

小野　伸・遠部　慎

はじめに

　香川県直島の周囲にはいくつかの小島が散在しており、直島の西に位置する荒神島では、国府型ナイフ形石器、尖頭器などが採集されている（岡嶋ほか2003）。小野も1999年頃から荒神島以外の寺島、局島、六郎島家島で旧石器資料を採集しており、その報告を行っている（小野・白石2003）。しかしながら、縄文時代の資料については、ほとんど報告しておらず、その資料について報告したい。

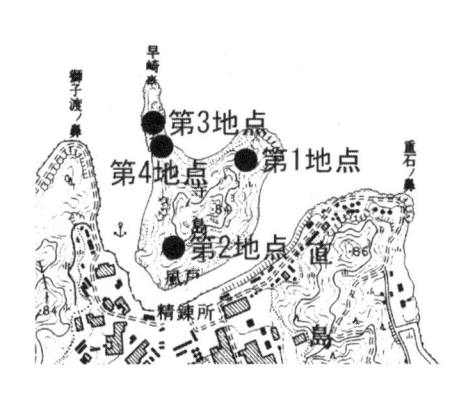

遺跡名	時期	調査日	採集地点	調査者							備考
				小野伸	小野勢	横井正樹	大森透	久本	竹内信三	
寺島遺跡	旧石器－縄文	H11.10.31		○		○				
		H12.3.20		○	○					
		H12.6.24		○						
		H12.7.20		○						
		H15.8.5		○			○			
		H19.3.26		○					○	

遺跡の位置および遺物

　寺島は直島の北に位置し、島の中央部がもっとも標高が高く、約84mを測る。この島での採集地点は4カ所で、このうちの3カ所で明確な旧石器時代の石器を採集している。このうち、縄文時代の遺物が確認されたのは、第

Ⅰ　第1回　研究会・講演会

4地点である。この地点は、第3地点の南側に位置し、この他にナイフ形石器、石核、剥片などを採集した。

まとめ

1は口縁部外面に刻目が施され、山芦屋5期（熊谷2006）、2～7は大粒の楕円文を施すことから、高山寺式期に位置づけられる。

今後も継続して踏査を実施し、自然崩落などで遺跡の残存状態は悪く、消滅していく遺跡があると推測されるが新たな遺跡・遺物の発見を行い、島嶼部における縄文時代時代遺跡の実態解明に役立てていきたい。

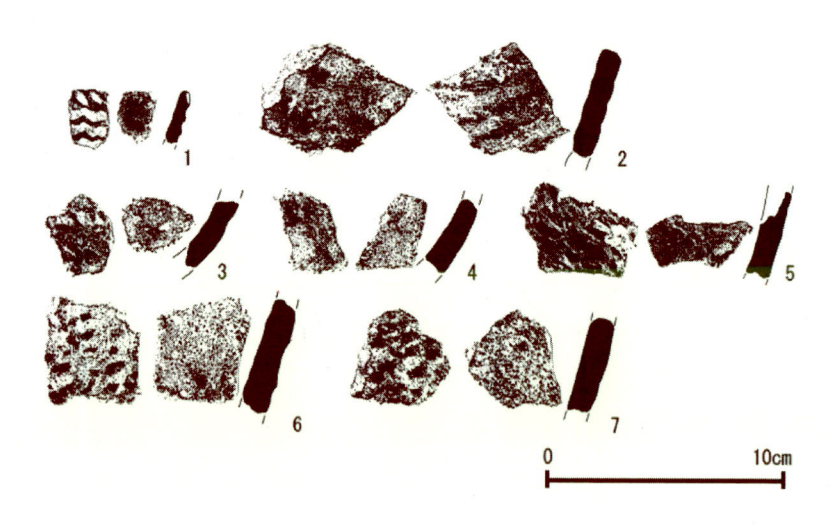

【コラム】

熱気を感じた犬島貝塚講演会

竹 内 信 三

　「犬島貝塚の発見―１万年前の瀬戸内海―」と題して、岡山市デジタルミュージアムで講演会が開かれました。当日は大勢の人で会場は熱気を帯びていました。
　犬島貝塚の発見者で考古学愛好家の小野伸さんが、考古学に興味を持ったきっかけは中学生の時に出会った先生の影響が大きかったことや、遺跡の調査で利用する渡船運賃のために新聞配達をしたことを話されるとともに、今も考古学に情熱を注がれている様子がよく分かりました。
　続いて専門家の方の研究報告で、貝や土器を分析した結果、犬島貝塚が今から約１万年前の縄文時代早期の遺跡とわかり、また犬島周辺では同時期の貝塚が数カ所点在しており、当時の瀬戸内海がどうやって出来上がっていったのか、その謎に迫る遺跡になりそうです。
　そして最後にスピーチされた「犬島再発見の会」代表者在本桂子さんの話を聞いて、岡山版「犬島をどがんかせにゃあおえん」、そんな熱い気持ちを持たれた方だと思いました。近いうちに貝塚を発掘するそうで、暑い日の作業になると思いますが、体調に留意されることをお祈りしながら、第二回の講演会が開かれることを切望しております。

(2008年7月30日『山陽新聞』ちまた欄を改変)

【コラム】

犬島時間

編 集 部

　「犬島時間」は、この島で毎年、夏に行われるアートイベントで青地大輔氏（写真家）によって2004年からはじめられたものである。この企画は年に一度、若いアーティストが、瀬戸内海に浮かぶ小さな島、犬島に集い「コミュニケーション」をキーワードとしたアートプロジェクトである。このイベントは犬島を知り、楽しむというコンセプトもある。

　主催者である青地氏には、貝塚のプロジェクトが始まって以来、チラシやシンポジウムの表紙等、数々のデザインを、協力していただいている。

　第1次発掘調査と第5回犬島時間の開催がほぼ重なり、発掘と平行して、展示や、犬島時間開催中の8月3日と9日に、一般を対象とした無人島ツアー（島めぐりツアー）を実施した。コースは、貝塚の所在する地竹ノ子島を始めに沖竹ノ子島や沖鼓島に上陸し、犬島諸島を一周する形で遺跡等の巡検を行った。のんびりと犬島を満喫することができる、人気企画となった。

犬島時間

【コラム】

犬島貝塚の姿

在 本 桂 子

　彼（犬島貝塚）は、瀬戸内海がもう一回り小さい海だった1万年？前の人の生活した跡だ。1983年に考古学大好き少年の小野氏によって発見されたが、日は当たらずじまいだった。考古学の神様のお導きだろうか、2007年に「再発見」され、すっかり大人になった小野氏に「犬島貝塚」と命名された。
　08年の酷暑の中、岡山大学、岡山理科大学、奈良大学などの、考古学者の卵たちが参加して発掘作業が行われた。卵たちは、真っ黒になって一心不乱に作業に励んでいた。かわいい女学生も日焼けを気にしないでこつこつと頑張っている姿に、若いということは素晴らしいなと感動した。
　夕食にはスタミナのある物をと気をつけ、本日の成果にヤマトシジミから年齢や死亡日などの推測が行われるなど一個の貝がもつ情報が実に豊富であることなどを、「ほう、へえ」と感心しながら聞き、乾杯をするのがおばちゃん夫婦の大きな楽しみであった。
　炎天下の作業なので熱射病を心配していたがやっと終わりという日、卵が担ぎ込まれた。俯せて寝ている卵を仰向けにして顔を見てびっくり。わが家には泊まってないがリーダーの卵であった。どうしたものかと、迷ったが西大寺の宇治先生に電話で指示を受けながら、衣類をゆるめ、体を冷やし水分を与え懸命に介抱をした。ぐったりとしている卵をどのようにして病院に搬送しようかと気をもんだが何とか落ち着き安心した。
　今年の春もまた大規模な発掘作業が始まる。たくさんの人たちの助けを絆によって、彼の本当の姿・価値が明らかになる日を心待ちにしている。

（2009年2月2日『山陽新聞』一日一題を改変）

II 第2回 研究会・講演会

開会挨拶

　本日は連休の中、かくも大勢おいでいただきましてありがとうございました。犬島につきましては、岡山市デジタルミュージアムのほうでも常設展、ロビー展あるいは講演会というようなイベントを実施しておりまして、そのたびに市民の皆様から多くのお問い合わせ等がございますとともに、たくさんの方がいらっしゃっております。今まさに、犬島の波が押し寄せている、というような感じがいたします。ちなみに４月１日から岡山市では政令指定都市への移行で、この犬島も４月から岡山市東区犬島ということになります。こちらのほうもどうぞよろしくお願いいたします。

　本日の講演会につきましては、昨年に引き続き２回目ということで、犬島貝塚調査保護プロジェクトチームのその後の新しい成果を発表していただけるということでございます。縄文時代の興味深いお話や、発掘調査のお話が聞けると思いますので、どうぞご期待ください。それではどうぞゆっくりお楽しみください。本日はどうもありがとうございました。

　　　　　　　　　　　　岡山市デジタルミュージアム館長補佐　　宗光英明

【基調講演】

縄文海進と海底に没した縄文時代早期の貝塚
―貝類群集からみた海面の変化―

松 島 義 章

　「縄文海進」という言葉は、年配の方たちは多分初めてお聞きになる言葉ではないでしょうか。一般には「海進」と略して言います。縄文時代は今よりも気候が温暖で、海水がどんどん上昇してきて、遂に陸地の奥へ侵入してきました。また、気候が寒くなれば、海面が下がり干上がっていくと、今度は陸地がだんだん広くなっていきます。そのことを「海退」といい、「海進」に対する反対語です。縄文時代に起きた自然現象であるので、「縄文海進」と呼ばれております。

　はじめにこの縄文海進の様子について、どのような手法で調べたかを紹介します。私は低地の地下からでる貝化石や貝塚の貝を使って調べてきました。これは、犬島貝塚の調査においてもかなり当てはまる研究手法ではないかと思われますのでご紹介します。

1. 鎌倉に縄文海進最盛期の海岸線を探る

　古都・鎌倉と言えば鶴ヶ岡八幡宮（第1図）と長谷の国宝鎌倉大仏（第2図）が有名です。この観光地における縄文の海岸線を探って見ることにしましょう。鎌倉の旧市街地は滑川の低地に開けた古都で、南に開けて由比ヶ浜の海岸、東と西の二方向を山に囲まれた三角形をした低地となっています。この低地において縄文の海を復元することができます。低地を地表から数m掘り下げると、砂や泥の層から沢山の貝化石の出ることが知られています（松島1974）。それらは、いつの時代のものか解らなくても、この低地へ

縄文海進と海底に没した縄文時代早期の貝塚

第1図　約 6,000 年前の海岸線が石段の下 4m に（鎌倉鶴岡八幡宮）

第2図　約 6,000 年前の長谷の入り江

海水が浸入し、入り海となった時に生きていた貝であることを物語っています。

　縄文海進によって海面が最も高いところに達した時期、本州では縄文時代前期の約 6,500〜5,500 BP 頃になることが明らかにされています。その時期の海岸線を確認できれば、当時の鎌倉の海の様子を知ることができます。

II 第2回 研究会・講演会

　鶴ヶ岡八幡は三角形をした滑川低地のほぼ頂点に位置しています。三の鳥居から入って源平池のある境内はこの低地に、上宮は石段を登った背後の山の中腹にあります。この石段の少し手前の平地を2～3m掘ると下から貝化石が沢山出てきます。同様に源平池の脇にある神奈川県立近代美術館鎌倉館や境内東端に位置する鎌倉国宝館収蔵棟の建設に伴う工事でも沢山の貝化石と、海岸線を示す波打ち際の岩や礫が見つかりました。これの貝化石を使って14C年代測定をおこなったところ、約5,900～5,800 BP頃であったのです。当時の海岸線が境内とその背後の山裾の海抜8.4mに達していたことも明らかになりました（菅野・加藤1954、Kanno 1955、鶴岡八幡宮境内発掘調査団編1985）。産出した貝化石の中にはタイワンシラトリという珍しい貝が見つかりました。名前の頭にタイワンと付くことから分かるように、本種は現在、台湾以南の熱帯の砂浜海岸で広く生息している貝です（第1図）。この貝化石以外にも現在の南九州、奄美大島以南などで生息している熱帯の貝も一緒に出ています。このような暖かい海に生息する貝が鎌倉の滑川低地から出るということは、当時この相模湾沿岸も現在より温かな海であったことを示しています。

　この点を更に確かめることができたのが長谷の鎌倉大仏地点です（第2図）。鎌倉大仏は長谷のおぼれ谷低地の奥に位置しています。先年、大仏の境内を整備するため地質調査をし、やはり地表から4m下の海抜約8mの泥層から、数種類の貝化石が見つかったのです（松島1999）。その1つがカモノアシガキです。この貝は現在では紀伊半島以南の内湾にすんでいる熱帯の種です。大仏の地下からこれらの貝化石が出たということは、この長谷の谷にも海水が侵入し、この大仏の地点が入江の一番奥の干潟であったことを物語っています。この点を理解できる資料があります。大仏の位置する長谷の谷を埋める地層は、泥と砂からなる軟弱な沖積層です。そのため大仏を造営するにあたって最初に、大仏殿の礎石地盤を固める版築をしています（鎌倉市教育委員会2002）。版築の厚さは2mに及んでいて固い地盤へ改良して大仏の造営と大仏殿の建設を行っています。1923年の大正関東地震ではこの地盤が少し陥没して大仏が若干前にのめりとなっています。創建当初は大仏を覆

う堂があったのですが、その後の地震と津波で堂は倒壊し流失して無くなりました。それ以降はずっと露坐の大仏となっています。実はこの点からも長谷の谷奥まで海水が来てもおかしくなかったということを示す資料です。

　鎌倉の低地において鶴ヶ岡八幡宮と鎌倉大仏の両地点では、約6,000 BP頃の海岸線が海抜8〜8.4mに達していたことが明らかになったのです（松島1984b・1999）。約6,000 BP頃の海は、滑川低地いっぱいに広がった入り海（古鎌倉湾）となっていたことを知ることができました（神奈川県立生命の星・地球博物館2004）。この点を理解する資料が明治15年の迅速図です（第3図）。当時の鎌倉の町というのは、相模湾に面した材木座から小坪のほうに集落があって、鎌倉駅周辺から段葛にかけてはほとんど家がありません。海岸近くのここに一の鳥居があります。一の鳥居の石は犬島の石が持っていかれ、鳥居を作っていたことを、昨年犬島に伺い地元の方から聞いて、う〜ん、なるほど鳥居の石のふるさとへ帰たかという感慨深いものがありました。二の鳥居は段葛の入口にあり、三の鳥居が八幡宮境内の前に位置します。歴史的にみると鎌倉というか相模湾周辺では、時々大きな地震が起きます。巨大地震が起きると津波が発生し、滑川沿いに二の鳥居付近まで達したことが知られています。ですから、巨大な津波が来れば大仏の場所まで到達したこと

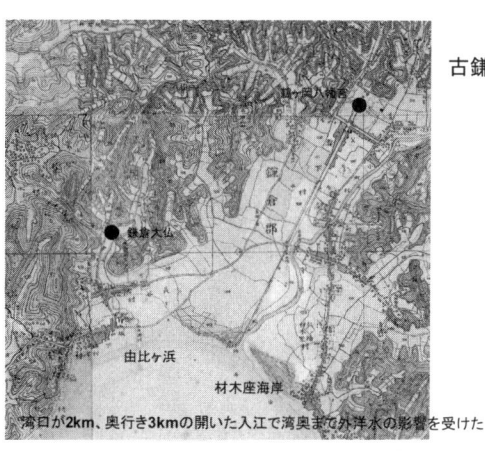

第3図　明治15年の鎌倉（迅速図）

Ⅱ　第2回　研究会・講演会

は理解できます。現在ではこの低地はすべて住宅に覆われていますが、明治の初めは由比ガ浜から一の鳥居、さらに二の鳥居から段葛にかけての一帯は、ほとんどが畑などの耕作地となっています。したがって、沖積低地は約6,000 BP頃にはすべて海となり、その時の海岸線は滑川低地を取り囲むように分布する山裾に位置していたと言えます。現在の由比ヶ浜～材木座の海岸線が、八幡宮境内からさらに奥まで入った内湾の古鎌倉湾となっていたことを、この迅速図からも知ることができました（第3図）。

2. 貝類群集から縄文の海を復元する

実際に約6,000 BP頃の海の環境やその海岸線がどんなであったかという点を、鎌倉に隣接する柏尾川低地で復元してみます。柏尾川は横浜南部の丘陵を流れ、JR東海道本線沿いに戸塚～大船～藤沢へと流路をとり、藤沢駅東方で境川と合流し片瀬川となり、江ノ島の北側で相模湾へ注いでいます。柏尾川低地に分布する沖積層は、大船貝層と呼ばれている地層です。その形成年代は貝化石の14C年代によって約6,500～5,100 BP頃となることが明らかにされています。この大船貝層はまさに縄文海進で形成された内湾に堆

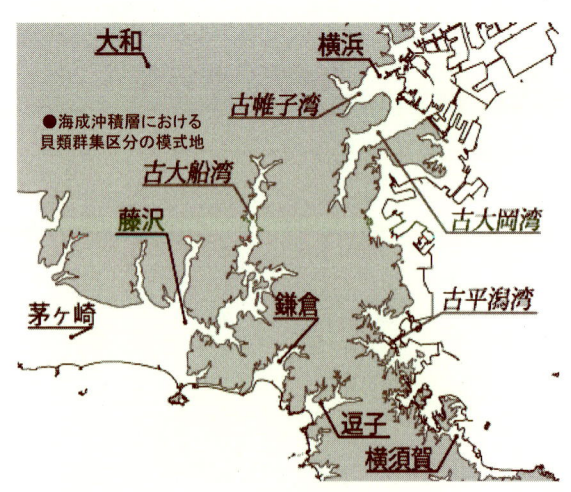

第4図　柏尾川低地に存在した古大船湾（神奈川県立生命の星・地球博物館 2004）

積した地層です。この内湾を古大船湾と名付けました（第4図）。湾の入口は藤沢駅の東方にあり、その幅が700mと狭く、奥行きが13kmに達する細長く複雑な海岸線を示す入り江となっています。特に湾央部の大船付近には大小様々な形を示す小島が10個以上点在するので、一層複雑な形の内湾となっています。なお、この古大船湾や古鎌倉湾と同時期に形成された内湾には、第4図に示すように現在の横浜港周辺に存在した古大岡湾と古帷子湾、横浜南部の金沢八景で知られる古平潟湾などが明らかにされています。

ところで、古大船湾にどんな貝がすんでいたという調査のきっかけは、この低地が昭和30年代以降、急速に住宅団地と大きな工場が進出してきて地域開発が始まり、それと同時期にJR東海道本線が複々線化、更に柏尾川の拡幅による護岸工事が連続的に行なわれ、各地で大量の土砂と貝化石が産出したことによります。それらの工事現場に出向き露頭の観察と貝化石の採集をしました。現在ですとこの様な工事現場には中々立ち入らせてくれません。しかし、今から20～30年には自由に新しい露頭の調査が許され、貝化石を採集し調べることができました。

露頭の観察は、泥や砂層の中に貝化石がどのように含まれているかに注意して調べます。特に、化石の地層中で生息していた状態で埋もれていた（現地性）か、死後流されて貝殻がばらばらになって堆積（異地性）しているのかを確かめるなどの基本を調べました。貝化石による14C年代測定試料には、確実にその種が生息していた状態（現地性）を示す個体に限り採取して使いました。明らかになった測定年代は、試料の貝が生きていた年代を示すからです。そのためには二枚貝では左右の殻が合わさって堆積している個体が重要で最適です。巻貝は死後のヤドカリなどのすみ家となり生息していた場所からかなり移動して堆積していることが多いことで知られており、測定試料には向いていません。次に、古大船湾における貝化石の産出の様子を見ると、湾奥では泥層中にマガキを主体にハイガイ、オキシジミ、イボウミニナなど種が目立ちます（第5図）。特にマガキの産状はカキ礁となっていて、ウネナシトマヤガイやナミマガシワ、タマキビなどの岩礁に生息する貝が共産しています。14C測定試料としてはマガキやハマグリ、アサリなどの二

II　第2回　研究会・講演会

第5図　湾奥の干潟群集の産状

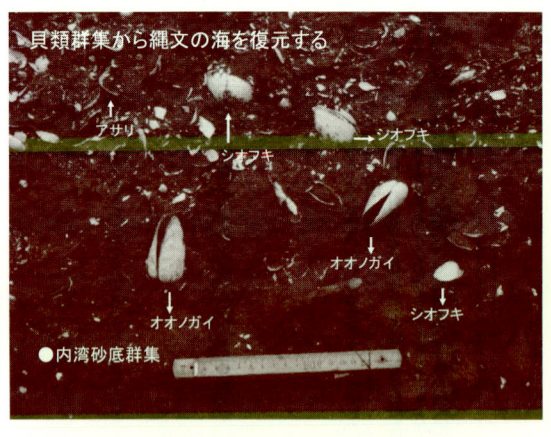

第6図　湾奥〜湾央部の内湾砂底群集の産状

枚貝が最適で、これを採取して使いました。これらマガキを中心とする貝の群れについて干潟群集にまとめました。砂層中ではアサリ、シオフキ、オオノガイをはじめハマグリなどがみられます（第6図）。これらの二枚貝はいずれも両方の殻が合わさっているので、その場で生きていて化石になったことを示しています。このような種類の貝の仲間について、内湾砂底群集としました。これら2つの群集が古大船湾で産出する地点をみると、干潟群集は湾奥の部分に、内湾砂底群集は湾の中央部に分布していることが分ります。湾央部でも泥の地層の中には、ウラカガミ、イヨスダレやアカガイといった貝がみられ、内湾泥底群集と呼びます。この貝類はアサリやハマグリとは異なり水深の大きい場所で生息しています。この内湾泥底群集が見つかれば、その地点が内湾でも深い環境となっていたことを教えてくれます。潮通しに良い湾口部では砂礫層が分布しており、この砂礫層からはイワガキ、イタボガキ、ウチムラサキガイなどの化石が産出しました。これを砂

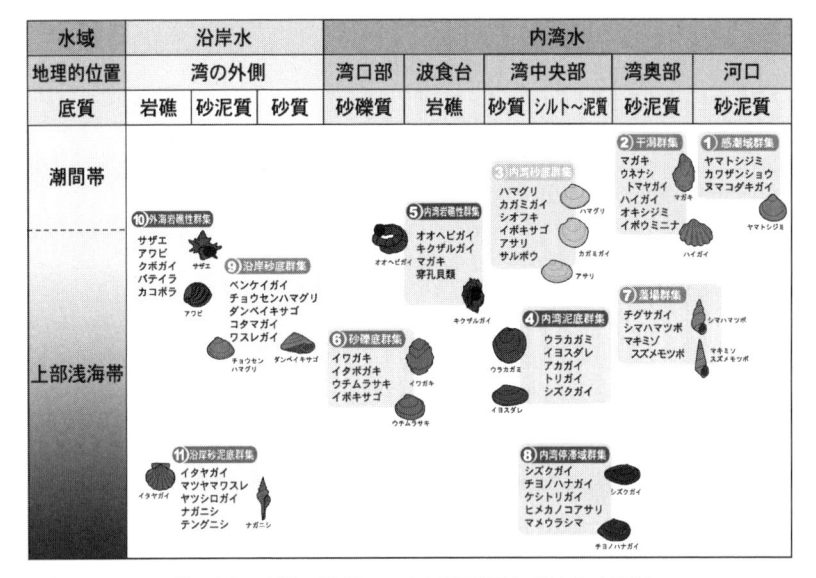

縄文海進と海底に没した縄文時代早期の貝塚

第7図　内湾〜沿岸における貝類群集区分と生息環境
（神奈川県立生命の星・地球博物館 2004）

礫底群集と呼ぶことにします。更に、湾の外側は広く沖積低地が広がっていて、その先が鵠沼海岸をもって相模湾に面しています。この沖積低地の地層は砂層となり、本層からはベンケイガイ、チョウセンハマグリ、ダンベイキサゴなど現在の相模湾の湘南海岸や房総の九十九里浜、駿河湾の御前崎海岸、九州の宮崎海岸など外洋に面した砂浜海岸に生息する貝類で知られる沿岸砂底群集です。逆に内湾の湾奥になると、最奥が河口です。河口とか潟は塩分の濃度が低い汽水域です。このような汽水環境に生息する貝にはヤマトシジミを主体に、フトヘナタリ、カワザンショウ、カワグチツボなどの種がみられます。この貝類群については感潮域群集と名付けました。

　復元した古大船湾と古鎌倉湾の中には5,300とか5,800、5,900、6,500という数字が書かれています（第8図）。この数字は1950年を基準として測定された14C年代値です。ということは6,500 BP頃あるいは5,900 BP頃、5,800 BP頃、5,300 P頃を示し、海進最盛期の約6,000 BP頃には海水が低地の奥まで入っていたことを表しています（松島1984a）。つまり古大船湾と

II　第2回　研究会・講演会

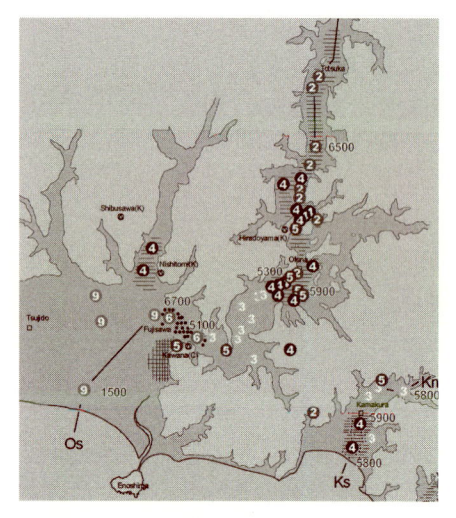

第8図　海成沖積層における貝類群集区分の模式地(古大船湾と古鎌倉湾)
（神奈川県立生命の星・地球博物館 2004）

　古鎌倉湾の約6,000 BP頃の内湾の様子を復元することができたわけです。このように低地の地下の貝化石を採集し調査することよって、相模湾沿岸の低地に残されていた縄文海進の様子を知ることができました。

3．約10,000 BP頃以降の相対的海面変化曲線

　最終氷期の最も寒かった約20,000 BP頃の海面は、現在よりずっと低い位置の海抜−120 m付近にあったことが知られています。その後、14,000 BP頃以降の温暖化に伴い急激に海面の上昇がはじまり、約10,000 BP頃には−40 m付近に達していたことが東京湾（松島1987）、伊勢湾（藤ほか1982）、大阪湾（前田1977）で確認されています。このことを明らかにするには、低地に分布する沖積層の基底（基盤）まで達するボーリング掘削をして地層を採取して調べることになります。調べた成果をまとめると次に示す地質柱状図（第9図）となります。採取した貝化石による地層の形成年代、アカホヤ火山灰（Ah）の確認による年代（6,300 BP頃：編年によれば7,300 BP頃）が明らかとなり、さらに各層準で生息していた貝類群集が確認できました。下部

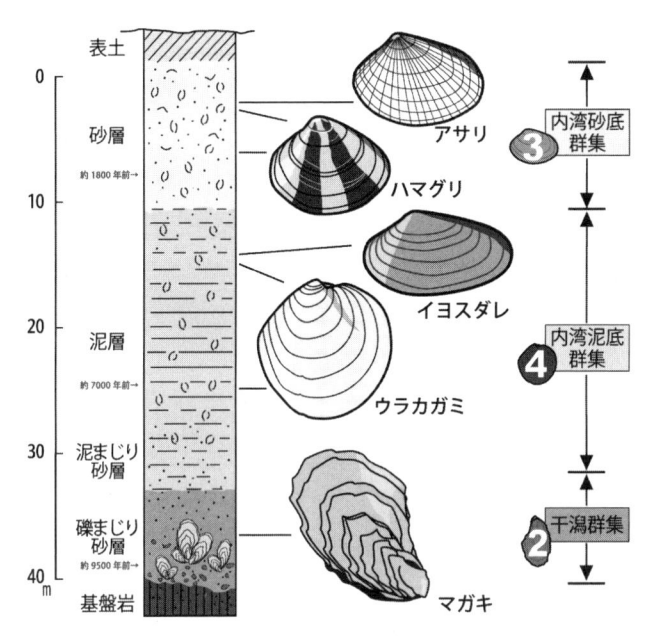

縄文海進と海底に没した縄文時代早期の貝塚

第 9 図　完新世の海面上昇と貝類群集の垂直変化
（神奈川県立生命の星・地球博物館 2004）

の礫まじり砂層からはマガキ主体の②干潟群集が、中部の泥層にはウラカガミとイヨスダレからなる④内湾泥底群集が、上部の砂層にはハマグリとアサリで特徴づけられる③内湾砂底群集が生息していたことが明らかになりました。このような貝類群集の変遷と海面上昇の様子を解説すると次の図になります。第 10 図には完新世となった約 10,000 BP 頃に低地へ海水が浸入し始めた時期から現在までの 5 つの時期について説明しています。下から約 10,000 BP 頃、低地の地下に形成された内湾において最初に生息を始めるのがマガキを中心とする②干潟群集のみです。内湾泥底群集と内湾砂底群集はまだみられません。その海面の高度は地下 −40 m 付近にあったことが分りました。その後、温暖化は更に進み海面上昇も大きくなり、約 6,000 BP 頃の縄文海進最高期には海面が遂に現在より高い 4 m 付近に達したことを示しています。湾央部には泥が堆積してウラカガミとイヨスダレからなる④内湾泥底群集が生息し、湾の奥部には②干潟群集が分布しました。海進が最高

II 第2回 研究会・講演会

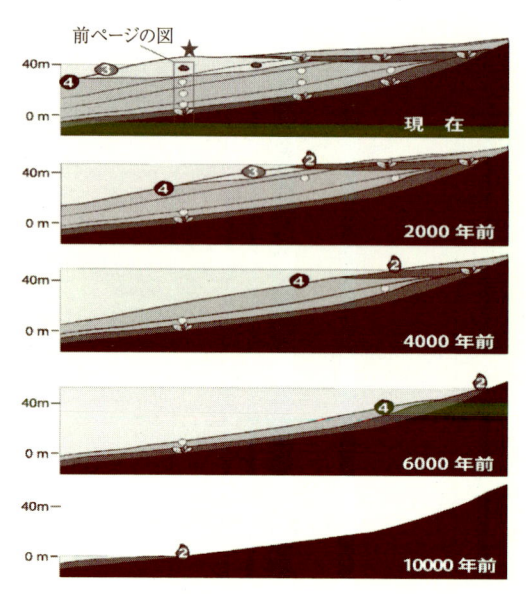

第10図 完新世の海面変化と貝類群集の変遷(神奈川県立生命の星・地球博物館 2004)

に達した約 6,000 BP 頃以降は、寒冷化が始まり海面の低下となっていくのです。すなわち、縄文中期の海退となったことを示しています。約 4,000 BP 頃には 2m ほど海面が下がった。それまでの内湾は、湾奥から海水が退き陸地が広がることと、これまで泥の堆積していた湾奥部に砂の堆積が始まります。②干潟群集にとってすみにくい環境となっていきました。ついに、約 2,000 BP 頃の弥生時代では海退がさらに進み、湾奥の泥干潟は砂浜におきかわり、これまで生息していた干潟群集に代わって③内湾砂底群集が生息するようになりました。そして、現在の内湾の環境は、泥干潟が失われ砂浜の広がる湾へと変り、③内湾砂底群集が優勢となる環境に変化しています。このような内湾環境の変化をもたらしたのが約 10,000 BP 頃以降に起こった温暖化による海面変化です。次に、横浜港を中心とした地域で明らかになった約 10,000 BP 頃以降の相対的海面変化曲線を取り上げます（第11図）。

　この変化曲線は横浜港を中心とした多摩川・鶴見川低地における約 10,000 BP 頃以降の相対的な海面の動きを示しています（松島1987）。100 件

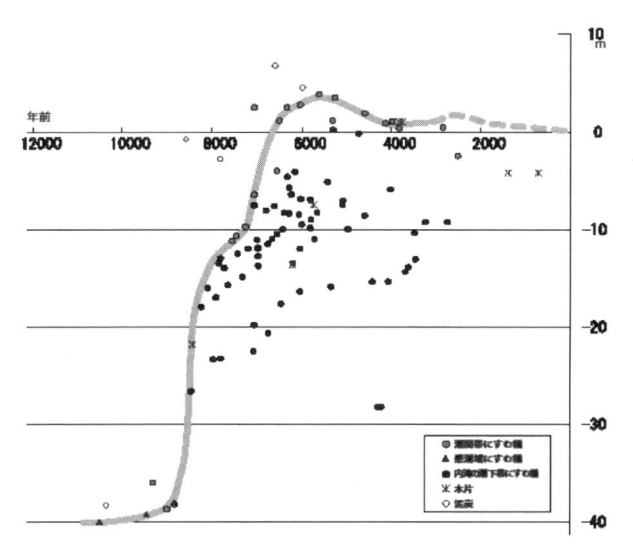

縄文海進と海底に没した縄文時代早期の貝塚

第11図　約1万年前以降の相対的海面変化曲線（横浜港中心）（松島 1996）

以上の14C年代資料が得られている中で、マガキやハマグリなど潮間帯に生息する貝とその14C年代、産出深度を調べ曲線でつなげていくことにより海面が上昇した様子を捉えることができます。縦軸は海面（地層）の高さm、横軸は年代です。第11図の中の点（●：潮間帯にすむ種、▲：感潮域にすむ種）を潮間帯にすむ種の点を結んだ線となります。このようにして作られた曲線を相対的海面変化曲線と呼んでいます。約10,000 BP頃以降から海面が急激に上昇してきた様子がよく分ります。

第11図から、約10,000～9,000 BP頃にかけての縄文時代草創期の海面を求めてみると、−40～−38 mにある▲印を線で結んでおり、ほぼ安定しています。その後、約9,000 BP頃から約7,500 BP頃の縄文時代早期にかけて急激な海面の上昇があり、約6,500 BP頃にはついに現在の海面を越えました。そして、海進最盛期の約6,000～5,500 BP頃の縄文時代早期末から前期にかけて現在の海面より高い標高3.5～4.5 mに達しています。この海進最盛期直後の約5,000 BP頃の縄文時代前期末から中期のはじめになると、一転して海面の低下が始まるのです。そして約4,500～4,000 BP頃

には1.5mまで下がりました。これが「縄文中期の小海退」と名付けられています（太田ほか1982）。その後、約3,000 BP頃の縄文時代後期にかけて若干の海面上昇が認められていますが、縄文時代晩期から弥生時代にかけての約2,000 BP頃には現在と同じか、若干低い位置まで再び海面が下がったとされています。この海面の低下が「弥生の小海退」です（井関1977）。それ以降はわずかな上がり下がりを繰り返して、現在の海面の位置になったと考えています。

この縄文時代の地球温暖化によって生じた海面変化の様子を約10,000 BP頃以降の海面上昇に注目すると、上昇が特に大きかった縄文海進前半の約9,000〜7,500 BP頃の1,500年間では、100年あたり平均2mも海面が上昇しています。さらに、約7,500〜約6,000 BP頃の1,500年間では、100年あたり平均1mとなり海進前半に比べて上昇率が半減しています。したがって、縄文海進に伴う海面の上昇速度は一様ではないことが解りました。このような縄文時代の海面の位置が大きく変化した状況を、内湾の干潟に生息していた貝化石から読み取ることができました。

これまでの調査で明らかになった東京湾西岸から相模湾沿岸における、約

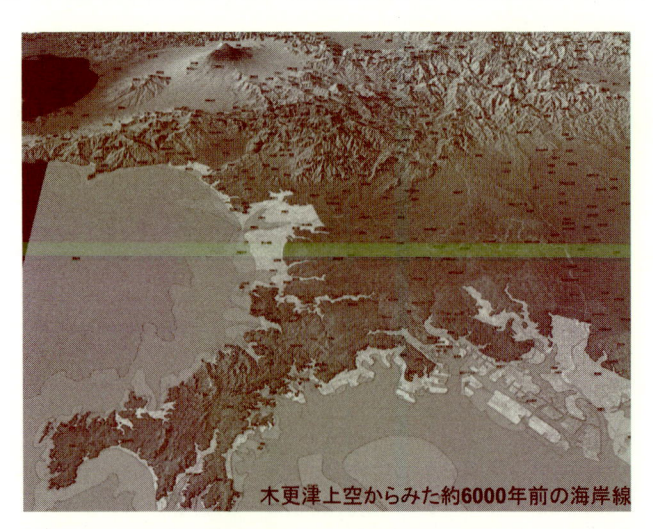

第12図　復元された東京湾西岸〜相模湾沿岸の縄文の海（松島2006）

縄文海進と海底に没した縄文時代早期の貝塚

6,000 BP 頃の海岸線を復元したものが第12図となります（松島2006）。ちょうど千葉県の木更津上空から眺めた風景です。縄文海進によって東京湾西岸沿いに発達する多摩川・鶴見川の低地と横浜港周辺の低地、さらに相模湾沿岸では相模川低地が広くて奥深い入り江となっています。三浦半島沿岸では古大船湾をはじめ古鎌倉湾、古逗子湾、古平作湾などが、おぼれ谷となって半島へ食い込み、複雑な海岸線を持つ見事なリアス式海岸となっていたことを示しています（第4図）。横浜港周辺における約10,000 BP 頃以降の相対的な海面変化が明らかになったので、この海面変化と内湾の環境変遷を近接する横浜南部の金沢八景で知られる平潟湾で復元してみましょう。

4. 金沢八景平潟湾の約10,000 BP 頃以降における環境変遷

横浜南部に位置する平潟湾は、初代歌川廣重が金沢八景の浮世絵（第13図）に描いたほどの風光明媚な景勝地として知られ、東京湾に面した小さな入り江でした。今では平潟湾の低地や沿岸は各種の大規模な開発進み、その後も残されていた沿岸域も全て横浜市の都市開発に伴う大規模な工業団地や住宅団地のため埋め立てられました。さらに、人工島の八景島が建設されるなどして、廣重が描いたその面影を探ることができません（第14図の右）。

第13図　初代広重「金沢八景　平潟落雁」（神奈川県立歴史博物館）

Ⅱ　第2回　研究会・講演会

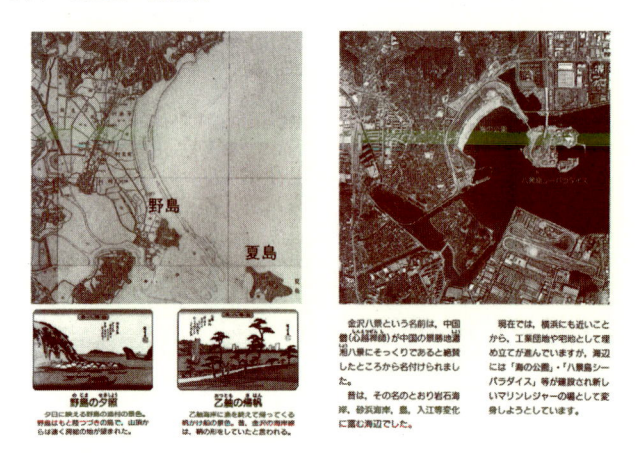

第14図　明治10年代の平潟湾と平成の金沢八景（建設省河川局海岸課1993）

　この変貌は浮世絵の金沢八景「平潟落雁」、明治10年代の平潟湾と平成の金沢八景から読みとれます（第14図の左）。

　この金沢八景「平潟落雁」図は、廣重が1836（天保6, 7）年頃の描いた浮世絵です（第13図）。手前に集まっている人々は、腰に魚籠を提げ干潟の浅瀬でちょうどハマグリやアサリの潮干狩りをしているところでしょう。江戸時代末の埋め立てが行なわれる前は、この絵と同じように潮干狩りができたと言われています。右端の松の生える台地は野島です。前方の松林が乙舳海岸となり東京湾に面しています。左端の帆かけ船の先の山並みは房総半島の鹿野山となるでしょう。現在でも良く晴れた日には、東京湾の対岸の鹿野山の山並みをはっきりと眺めることができます。廣重は金沢八景の浮世絵を描く前にこの地に来られて、平潟湾の全貌が捉えられる背後の山の上、能見台から平潟湾を中心とする地域の詳細なスケッチをしているのです。スケッチをした上で、八枚の金沢八景の浮世絵を制作しています。他の浮世絵「野島夕照」には夕焼けを背景にした様子を、夏島を影にして表しています。この夏島には日本で最も古い時期となる縄文時代草創期末（約9,500 BP頃）の、国指定の史跡夏島貝塚があります（第15図）。さらに、野島には横浜市内で最も古い縄文時代早期の横浜市指定の史跡野島貝塚が位置します（第16図）。この2つの貝塚以外にも、平潟湾沿岸には縄文中期の青ヶ台貝塚、縄文中期

縄文海進と海底に没した縄文時代早期の貝塚

第15図　夏島貝塚

から後期となる金沢文庫で有名な称名寺境内にある称名寺貝塚、古墳時代の瀬戸神社旧境内地内遺跡と追浜鉈切遺跡などが分布しています。中でも市指定の史跡野島貝塚の形成年代は、犬島貝塚と同じかやや新しい時期を示すことです。この野島貝塚の形成時の海岸線の位置や古平潟湾の環境が明かになれば、犬島貝塚を調べる上で大いに参考となり、その手がかり与えてくれているのではないかと思います。一方、低地では前述のように各種の大規模な開発工事が進められており、数ヶ所から貝化石とその14C年代値が明らか

73

第16図　野島貝塚

にされています。このように平潟湾では考古学と自然科学の領域において、それぞれ多数の資料が得られています。具体的には自然科学の調査で得られた古平潟湾に堆積した沖積層の貝化石とその 14C 年代値などの資料、考古学の調査で得られた縄文時代草創期から古墳時代にみられる各時代の貝塚遺跡より出土した貝類資料です。これらをあわせて検討できるという良い条件の揃った場所です。そこで、平潟湾における縄文時代草創期から現在までの地形の変化と環境変遷を第17図にそって解説しましょう（松島1996）。
①約 10,000〜9,000 BP 頃の縄文時代草創期は、東京湾で最古の夏島貝塚が形成された時期です。前述のようにこの時期の海面は、−40 m 付近にあったと考えられています。平潟湾の低地には海水が古宮川と古侍従川に沿って浸入しはじめたところで、河口域の環境となっていたと推測されます。多分、この河口域にはヤマトシジミの感潮域に生息する貝が分布していたことでしょう。夏島貝塚のある夏島は島ではなく、南西の追浜付近から東京湾方向に延びる尾根の先端部に位置していました。野島も夏島と同様に六浦から続く陸地の一部になっていました。当時の内湾に生息していた貝類は、夏島貝塚出土の貝類から知ることができます。貝塚の下部層からはマガキやハイガイ、カガミガイ、オキシジミ、ウミニナなど湾奥の干潟に生息する種と、ス

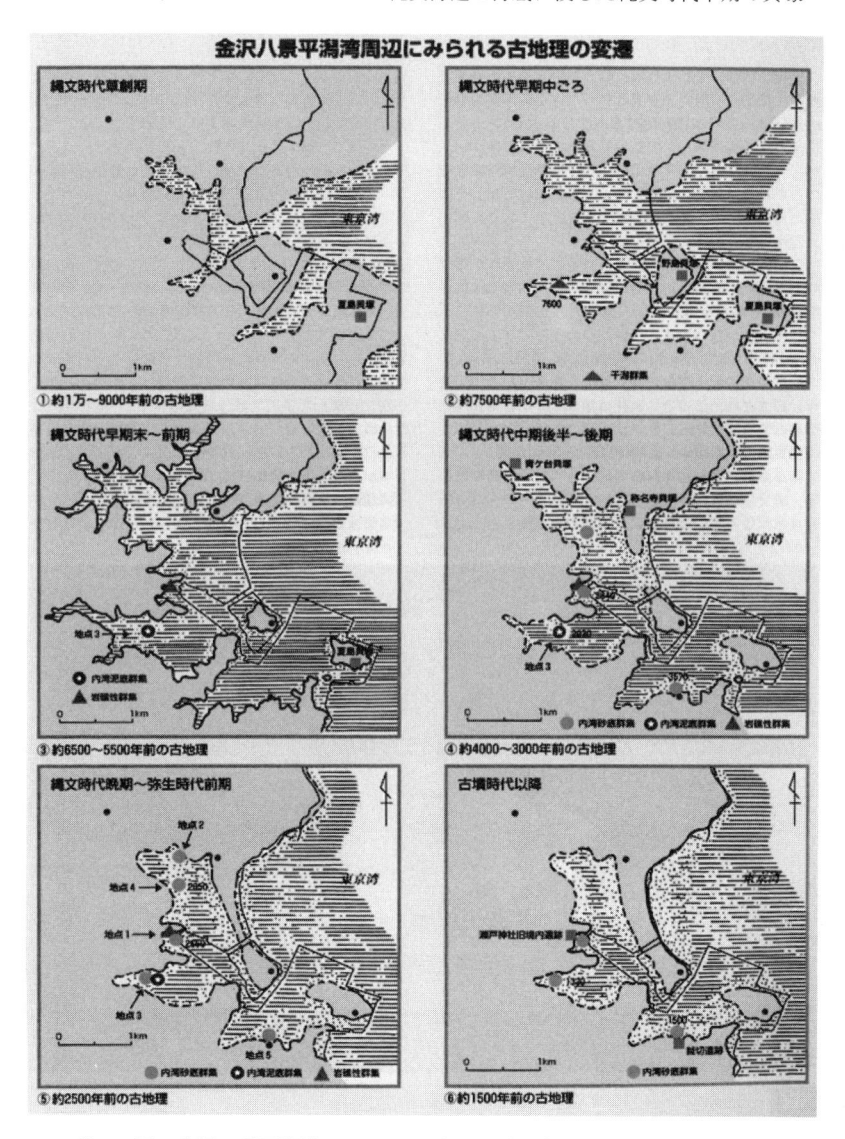

縄文海進と海底に没した縄文時代早期の貝塚

第17図　金沢八景平潟湾における1万年前以降の自然環境変遷（松島 1996）

ガイやイシダタミ、レイシなど岩礫底に生息する種、河口域にすむヤマトシジミなどが混じって出土しています（杉原・芹沢1957）。これらの貝類が生息する干潟や岩礁海岸は、住居のある地点から70〜80mも下がった低い位置にあり、夏島の東からその沖合にかけて湾となっていて、そこへ夏島人が貝を採取にでかけたと推測できます。住居のある夏島の平場から急な坂を一気に下り、海岸に行ったものと推測されます。なお、この海岸線付近の低地にもこの時期の貝塚が形成された可能性もおおいにあったと思われます。

②約7,500 BP頃の縄文時代早期中頃になると夏島貝塚に引き続き野島貝塚が形成された時期になります。約9,000〜7,500 BP頃にかけては、気候温暖化が一層進み、それにともなって海面が急激に上昇し、約7,500 BP頃には海面が-15m付近にありました。海水は平潟湾の低地の奥へと浸入し、宮川と侍従川沿いに入江が形成されました。侍従川の入江でも六浦の干潟には、マガキの礁がつくられました。カキ礁の厚さは3mにも達し、かなりの規模に発達したカキ礁であったことを示しています。夏島と野島はまだ島ではなく、追浜や六浦方面から東京湾方面に延びた尾根の先端に位置していました。そこに夏島貝塚と野島貝塚がつくられていたのです。前の時代に比べて内湾が拡大したため、沿岸の砂質底にはハマグリ、アサリやサルボウなどの内湾砂底群集が生息するようになりました。そのため貝の種類が多く、両貝塚人の採貝活動は、貝塚を取り巻くように広がる古平潟湾の干潟にでかけ、容易に採集ができたことでしょう。なお、野島も夏島と同様の住居もある平場から60〜70mも下った入江へ貝を取りにでかけていたことが読み取れます。両貝塚ともその時期の海岸線とは大きく離れた高い場所に住居が作られていたことによります。この点は犬島で貝塚が形成されている特徴と共通する地形的な要因が想定されます。当然この時期にも海岸線付近の低地には、いくつもの貝塚が作られていたと考えられます。

③約6,500〜5,500 BP頃の縄文時代早期末〜前期は、海面が現在より高くなった縄文海進最盛期で、気候も最暖期となっていました。この時期の海面の高さは、瀬戸神社旧境内地内遺跡が作られた埋没波食台の高さから判断して海抜5m前後にあったといえます。平潟湾沿いの低地には海水の浸入で

奥深い内湾、すなわち、出入りの激しい複雑な海岸線を持つ古平潟湾が誕生したのです。追浜方面からのびた尾根の先端が新たに野島として形成され、湾口部に位置しました。そのため湾口部が東に大きく開いた形となりました。さらに野島の南西側には水道状の狭い湾口ができ、追浜の入江に続いていました。追浜の入江の湾口には、新たに誕生した夏島が位置していました。これらの入江には流れ込む大きな河川がないため、粗い砂や礫などが運び込まれず、シルトや泥などの細かい堆積物が沈積した。そのため泥深い内湾では六浦で明らかなようにウラカガミとイヨスダレなどで特徴づけられる内湾泥底群集が広く分布しました。湾央部の地形的に突出した岬の先端部では、沿岸流や波浪による浸食を強く受け、波食台から岩礁海岸が形成され、そこでは穿孔貝やオオヘビガイなどの岩礁性群集が分布しました。

④約4,000〜3,000BP頃は縄文時代中期後半〜後期となり、湾奥の台地上に青ヶ台貝塚と海岸に接する平場に称名寺貝塚が形成されていた時期です。縄文海進最盛期以降の約5,000BP頃から海面の低下が始まり、約4,000BP頃には海面が海進最盛期より2〜3mも下がっています。これまで湾奥の干潟となっていたところは、離水して陸地や後背湿地となり、古平潟湾が急速に縮小しました。湾口部の称名寺貝塚が位置する寺前付近には、小柴海岸方面から沿岸流で運ばれた海浜砂によって、現在の海岸線と平行する形で内側に砂嘴が形成され、古平潟湾の湾口を閉じるように発達しはじめました。この時期の汀線は瀬戸神社旧境内地内遺跡の作られた埋没波食台の前面に残されているノッチや小規模の波食台で知ることができました。その海面は＋3〜2mに位置していました。貝類は波食台面の岩礁と岩礁とのわずかな隙間を埋める砂礫層に、カリガネエガイやコシダカガンガラ、スガイなどの岩礁性群集とカガミガイやアサリなどの内湾砂底群集が分布しました。水深の大きな六浦では前の時代と同様にウラカガミやイヨスダレなどの内湾泥底群集がまだ分布していました。一方、宮川の入江は小柴方面から運び込まれる砂により急速に埋め立てられ、浅い内湾に変わっていきました。中でも浅くなってきた京浜急行金沢文庫駅付近ではアサリやハマグリ、サルボウなどの内湾砂底群集が生息するようになったのです。なお、湾奥の干潟にはマガキ

やハイガイの干潟群集がまだ依然として広く分布していたことも明らかになりました。

⑤約2,500 BP頃の縄文時代晩期～弥生時代前期になると、海面はさらに低下して現在と同じか、それより若干低い位置にあったと考えられます。古平潟湾は一層縮小し、湾奥部の干潟が宮川の入江では泥亀町付近に、侍従川の入江では六浦付近となりました。寺前付近から延びる砂嘴は、野島の近くまで発達したため、湾口が閉塞する状態となり、東京湾の沿岸水がほとんど入らなくなり、閉ざされた環境の内湾となっていきました。この時期の貝類は宮川の入江で見られるマガキとウネナシトマヤガイ、オキシジミの干潟群集を中心に、カガミガイやアサリの内湾砂底群集、スガイやマツカゼの岩礁性群集、シマハマツボやハリハマツボの藻場にすむ種の混合群集となって広く分布していたことも明らかになりました。瀬戸神社旧境内地内遺跡付近では、これまでと同様に岩礁性群集と内湾砂底群集が生息していました。六浦では、これまでと同じ内湾泥底群集がまだ分布していますが、それに混じって内湾砂底群集の構成種のウミニナやアサリなどが加わり、混合群集となっていました。これは貝類群集の時間的な変化を示し、これまでの泥深い内湾環境から、急に水深の小さい砂泥質底の環境に変わってきたことを物語っています。

⑥約1,500 BP頃以降の古墳時代以降は、瀬戸神社旧境内地内遺跡が形成された時期からです。寺前付近から延びる砂嘴は、さらに延びて遂に野島と繋がり砂州となったのです。このため、湾口は野島の南西側の水道だけとなり、著しく閉塞した環境へ変化しました。約2,500 BP頃は湾央であったところが、湾奥の干潟となり、古平潟湾が砂底の広がる浅い入江に大きく変わってしまいました。貝類にとっては干潟群集と内湾砂底群集が生息するようになったのです。なお、この時期には干潟群集のハイガイは全くみられず、すでにこの地域から消滅したものと考えられます。一方、瀬戸神社旧境内地内遺跡が位置する岬先端の岩礁では、岩礁性群集、内湾砂底群集や藻場群集が混合群集となってみられます。このような内湾干潟の様子は江戸時代末まで変わらなかった点が、廣重の浮世絵「金沢八景」に描かれていて、知ることができます。

縄文海進と海底に没した縄文時代早期の貝塚

　約 800 BP 頃の鎌倉時代（第 18 図）、源頼朝により鎌倉に幕府が開かれたことによって、東国の鎌倉には国内外からの物質が大量に持ち込まれることになりました。鎌倉の材木座海岸には日本で最初の築港、国指定の史跡和賀江島がつられましたが、外海に面し浅い海岸のため高潮とか台風により海が荒れると、大型の船を止めることができません。この点を補ったのが内海の東京湾、しかもその支湾の平潟湾となります。平潟湾は鎌倉に最も近く、港としての条件の良い六浦の入江に六浦湊が開かれました（神奈川県立金沢文庫 2000）。中国との貿易の窓口の1つでもありました。陸揚げされた物質や人は、六浦湊から六浦道、さらに朝比奈切通しを通って鎌倉に入りました。ですから鎌倉時代には大変に賑わった港でした。鎌倉市内で発掘される鎌倉時代の住居址から出土する貝類には、由比ヶ浜や材木座海岸で生息している貝類はほとんど含まれてなく、大部分が当時の平潟湾や東京湾の干潟に生息する内湾の貝類となっています。これらの内湾から大量に採取され貝類が鎌倉へ運ばれていったことを物語っています。

　明治時代の初めまで平潟湾の内湾環境は存続していたことが 1885（明治 20）年発行の迅速図に示されています（第 14 図左）。しかし、この干潟も明治時代末までに埋め立てられ失われてしまった。現在の平潟湾はすべてコンクリートで縁取られた直線の海岸線となり、入江が水路状の細長い形としてわずかに残されているに過ぎません現在では広重が眺めた風光明媚な平潟湾は全く変貌して、乙舳海岸の沖には新たに人工島の八景島ができ、大いに賑わいをみせています（第 14 図右）。

第 18 図　鎌倉時代の平潟湾（神奈川県立金沢文庫 2000）

5. 海底に埋没した縄文時代早期の3遺跡が示す旧汀線

　約 10,000 年の縄文時代草創期の海面は −40 m 付近にあり、温暖化が進んだ約 9,000 BP 頃から海面が急激に上昇したことが、横浜港周辺の研究で明らかになりました。この海面上昇（縄文海進）によって、海面がまだ現在より低いところにあった時期、低地に作られた遺跡が現在では、海の底に埋もれていることが予想されていました。しかし、この点を検証できる証拠がなかなか見つかりませんでした。最初に発見されたのが、愛知県知多半島の内海低地の地下から確認された先苅貝塚です。次に長崎の鷹島海底遺跡Ⅱ、もう1つは館山の沖ノ島遺跡となります。この海底3遺跡は、共に犬島貝塚が形成された時期と同じか、近い時期となることから犬島貝塚の立地を考える上で参考となるため紹介します。

●知多半島内海低地の先苅貝塚遺跡

　伊勢湾に面した愛知県知多半島の先端に近いところに内海の低地があります。この地へ 1978 年 3 月に名古屋鉄道により知多新線が引かれ、内海駅を建設中に地下から貝塚が見つかりました（第 19 図）。発見したのは地元の中

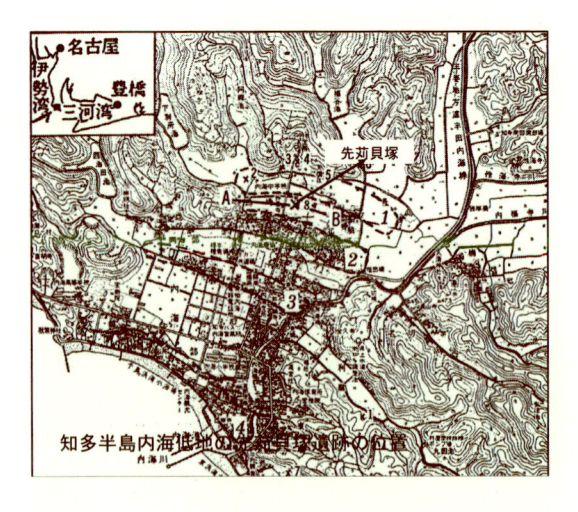

第 19 図　知多半島内海低地の先苅貝塚（前田ほか 1983）

縄文海進と海底に没した縄文時代早期の貝塚

学校教師の山下勝年さんでした。なんと地下13mも深いところから掘り出された黒い土の中に、沢山の貝殻と一緒に土器や動物の骨が含まれていたのです（第20図）。厚手の土器には、はっきりと縄文時代を特徴づける模様が認められるのです。掘削工事は地表から始まりました。地表から数m下の砂層からはたくさんの貝殻が出てくるのですが、さらに深く掘り続けて硬い基盤岩を覆う最後の土砂は黒土で、その中から縄文土器が出てきたのです。何処かから持ってきた土砂ではないかと疑ってみましたが、作業員もそのようなことは全くありません。確かに13mも下の地下から掘り出された土器と貝殻を多く含んだ黒土であることが明かになりました。ということは貝殻と一緒に沢山の土器が出土した層準は、貝塚である可能性が高いと判断できるのではないか、山下さんはそれを見たとたん、そう考え込んでしまったそうです。これまでの知識ではとても信じられない事実が、工事現場にひろがっていたのです。順序だてて説明しますと、①地表面から13mも下に達する基礎杭の穴の底より掘り出された黒土中に土器、貝殻、動物の骨が含まれていた。②土器は縄文式である。③工事現場の地表面は砂地であるが、2〜3m下からはハマグリ、アサリ、シオフキ、イボキサゴなどの貝を沢山

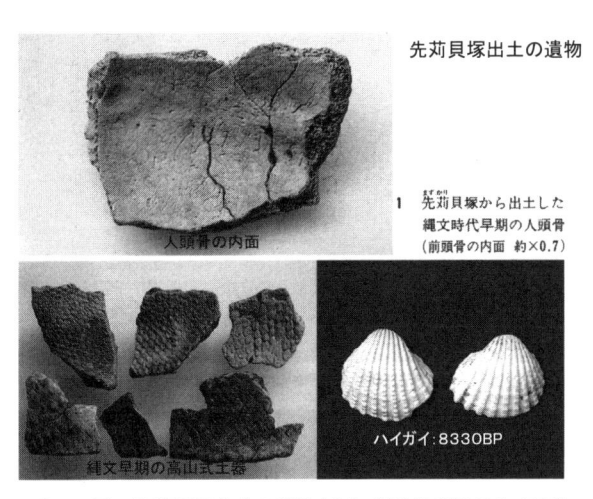

第20図　先苅貝塚出土の遺物（南知多町教育委員会 1980）

II　第2回　研究会・講演会

含んでいる地層があり、土器や貝殻、動物の骨を含んだ貝塚はさらにその下にあったことを示しています。貝塚の上に覆う貝を含んだ地層は、海に堆積した層である。つまり、山下さんは海水が内海の谷へ侵入する以前に、この地にすんでいた縄文人が残した貝塚が、海底に沈んだのではないかと推測しました。

　山下さんは推測した海に沈んだ縄文貝塚を、いかに調査して証明するのか大きな課題が生じました。まず、町の教育委員会に届けて、この貝塚遺跡の調査準備にかかり、駅舎を建てている名古屋鉄道の工事事務所から調査協力と建設に関連する地質資料の提供を依頼しました。調査には名古屋大学考古学教室の先生、私にも連絡があり、山下さんを中心とする調査チームができスタートしました。調査は自然科学と考古学の両面から進めてまとめました（南知多教育委員会1980）。この内海低地には第19図のように4列の砂堆が発達しております。一番古い砂堆が低地の奥に位置し、縄文時代のかなり早い時期に形成された砂堆です。その後だんだん海が退いてくることによって砂堆が現在の海岸側にでき、低地が広がって行きました。集落がこの砂堆の上にあって、その背後の湿地は田んぼになっていました。この砂堆には集落がありますから、駅舎は建てられません。背後の田んぼのところに駅舎を建設することになり、そのため建物と線路の建設する上で、支持基盤の確認のため沢山のボーリング調査が行なわれていました。ボーリング調査で明らかになった内海低地の地下の様子が、第21図にまとめられました。それによると海抜-10〜-9mに平坦な平場が確認できました。この場所に貝塚が作られていた可能性が高いと考えられました。そこで、自然科学の調査では20mに達するボーリングをしたところ、厚さ17.5mの沖積層が取れました。地層からは、貝、有孔虫、花粉、アカホヤ火山灰が確認され、14C年代測定など調べようと各種の試料を取り分析を行ないました。まず、貝化石の出現をみると、下部の砂層にはヒメカニモリ、ハイガイ、ウネナシトマヤガイの干潟群集、中部の泥層からはシズクガイ、ケシトリガイ、マメウラシマの内湾停滞域群集、上部の砂層からはイボキサゴ、ハマグリ、シオフキの内湾砂底群集が出土し、変化して分布したことが分かりました。その群集の生息

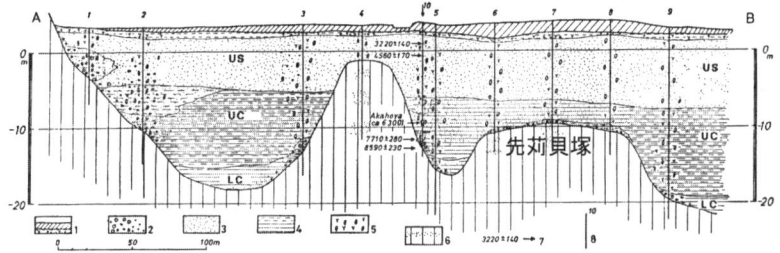

縄文海進と海底に没した縄文時代早期の貝塚

第21図　内海低地における知多新線沿いの地質断面（南知多教育委員会1980）

年代をみると下部の干潟群集は約8,600〜7,700BP頃となり、内海の谷へ海水が入ってきたのは海抜−13mで約8,600BP頃のことであることが明らかになりました。中部層の泥層の堆積は約7,700〜5,500BP頃であり、この時期の内海湾の水深は、内湾停滞域群集から推測して−10〜−15mの深い入り江になっていたといえます。特にアカホヤ火山灰が堆積した約6,300BP頃が最も水深の大きい内湾環境となっていたことも分かりました。上部の砂層の堆積は約5,500〜3,00BP頃となることも明かになりました。海抜−10〜−9mから掘り出された縄文土器と一緒に出土したハイガイの14C年代は、約8,300BP頃となり縄文時代前期前葉であったことが分かりました。一方、500点を超える縄文式土器は、紀伊半島の高山寺から出土している厚手の押型文土器に対応する高山寺式土器となることが分かり、紀伊の高山寺から持ち込まれたものであることも分かりました。この高山寺式土器は、ここ瀬戸内海の黄島の黄島貝塚より出土する黄島式土器より一型式だけ後の

約 8,400 BP 頃とされていますので、一緒にでたハイガイの年代と大体合います。ここの土器の保存状態は、長い間海底に埋もれていたため表面が風化せず非常に良く残り、高山寺の模式地の土器よりもわかりやすい状態でした。土器と一緒に人の頭骨の一部がみつかりました。その他にも石器、骨角器の道具、イノシシ、シカ、クロダイ、スズキなどの魚骨、マガキ、ハイガイ、アサリ、サザエ、アカニシなどが出土しており、海抜 −10〜−9 m の平場が貝塚であったことを物語っています。貝塚が形成されていた時期の汀線を沖積層の貝類群集とその年代から推定すると −12 m 前後にあったと考えられ、貝塚は海面から 2 m ほど高い位置にあったといえます。犬島貝塚より少し新しい時期の貝塚となります。

　この内海地域には縄文時代の多くの遺跡があります。その遺跡の 1 つ縄文時代後期の林ノ峰貝塚の発掘を観察し露頭を調べてみました（第 22 図）。遺跡の端に出ている基盤岩の表面には、二枚貝により穿孔された丸く凹んだ穴がかなりの数残されていました。よく観察すると貝殻は溶けてしまっているのですが、穴の形からニオガイかニオガイモドキがすんでいた巣穴であることが分かりました。この巣穴の高さを測ると ＋ 4 m でした。この海抜 4 m に穿孔貝の巣穴が残されていることは、この位置に海面があったことを示しています。調べた林ノ峰貝塚は縄文後期に形成されたことから、それ以前の

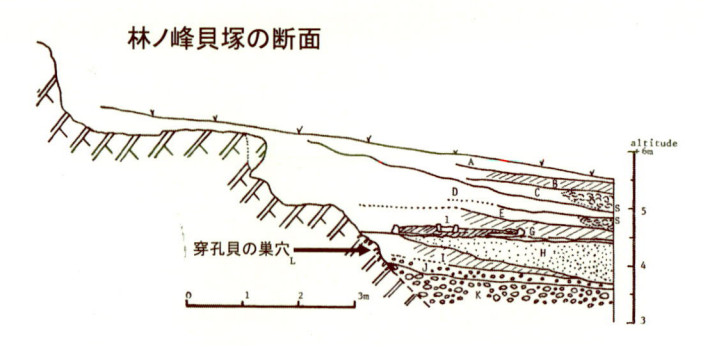

A：表土、B：縄文後期・掘ノ内 II 式、C：貝層、縄文後期・掘ノ内 I 式、D：間層、E：貝層、G：縄文後期初頭・住居址、H：砂層、縄文中期最末葉の土器を包含、I：縄文中期前期、K：縄文中期初頭〜縄文前期末、l：林ノ峰貝塚の住居址、L：基盤岩(師崎層群)。

第 22 図　林ノ峰貝塚の断面（前田ほか 1983）

縄文海進と海底に没した縄文時代早期の貝塚

汀線であることを知ることができました。内海で縄文海進最盛期の約 6,000 BP 頃に形成された清水ノ上貝塚は、+ 6 m にあることが報告されています (南知多教育委員会 1976)。ということはこの + 4 m の海面は、約 6,000 BP 頃の汀線を示していたことが確かめられました。これらの資料から内海低地における約 9,000 BP 頃以降の相対的な海面変化曲線を描くと第 23 図のようになります。海水が内海低地へ入ってきたのが約 8,700 BP 頃で −13 m でした。約 8,300 BP 頃を示す先苅貝塚は、海抜 −10 〜 −9 m の台地上にあり、大体 2 m くらい下に海面があったと推測できます。その後の急激な海面上昇で先苅貝塚は一気に海底へ没してしまいました。海面が最も高い位置になったのは約 6,000 BP 頃の + 4 〜 5 m です。その後の海面の変化は、縄文中期の小海退、弥生期の小海退などの変動を経て現在の位置に達していることが分りました (松島 1983)。

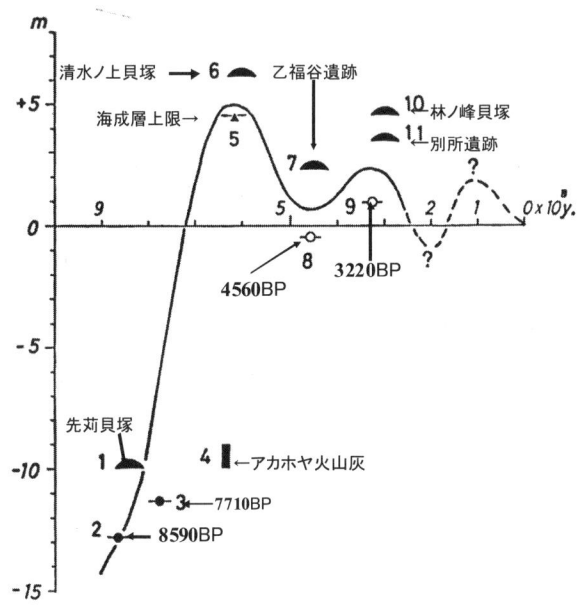

第 23 図　内海低地に於ける完新世の相対的海面変動 (松島 1983)

Ⅱ　第2回　研究会・講演会

●長崎県伊万里湾の鷹島海底遺跡Ⅱ

　次に長崎の伊万里湾で鷹島海底遺跡Ⅱが発見されています（第24図）。鷹島の地元では漁港をつろうと建設工事が始まりました。安全な漁港を作るため港を波浪から守る防波堤の建設からスタートしました。防波堤を作るのですが、この鷹島沿岸の海底には鎌倉時代、元寇が日本へ攻めてきた船などが沈没して埋まっていることから、この地域の海底が国指定の史跡となっています。ですから、勝手に掘削して建設工事を行なうわけにはいきません。建設許可を受けてから大規模な工事が始まります。そのために事前の調査は詳しく行っています。期待された鎌倉時代の元寇の遺物が出ると思っていましたが、全く見つからなかったのです。この海底を音波探査で調べてみたら、海底の硬い基盤岩の上には、現在の柔らかい砂泥の堆積物や砂や礫からなる少し固まった海底堆積物が確認されました（第26図）。水深の20～25ｍのところの堆積物は砂泥となり、この砂泥を吸い上げ採集して調べたのです。吸い上げるには台船に大きな掃除機のような吸塵機を設置して、海底の土砂をワーッと吸い上げ、それを篩にかけ残った資料を調べたのです。そうすると縄文時代早期前葉から中葉にあたる押型文土器、広義の田村式土器であることが分りました（第25図）。この土器の年代は、8,500～8,400 BP頃です。

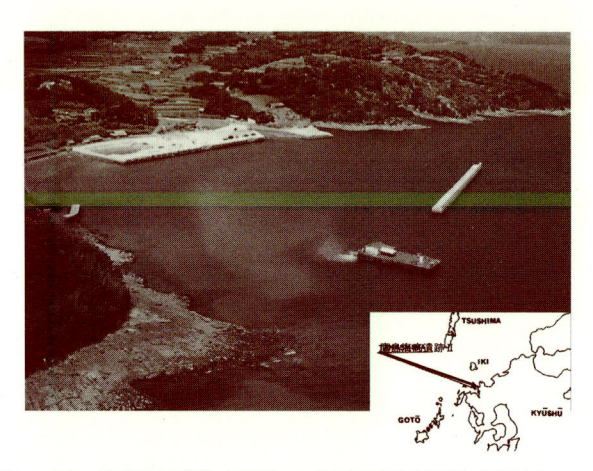

第24図　長崎県鷹島海底遺跡Ⅱの位置図（鷹島町教育委員会 1993）

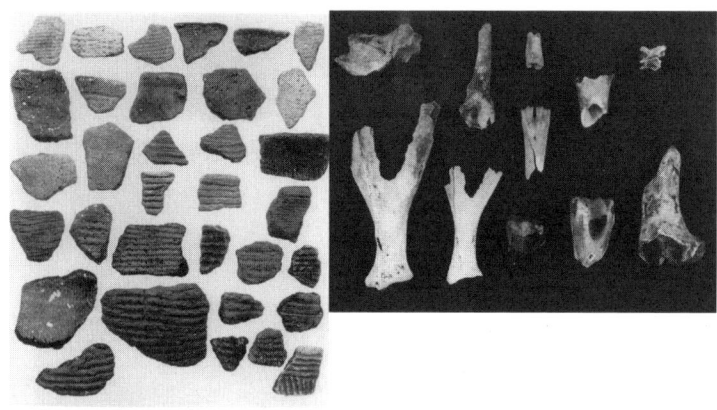

縄文海進と海底に没した縄文時代早期の貝塚

土器(縄文早期前葉〜中葉:広義の田村式)

第25図　鷹島海底遺跡Ⅱ出土の縄文時代早期の土器とシカの骨(鷹島町教育委員会1993)

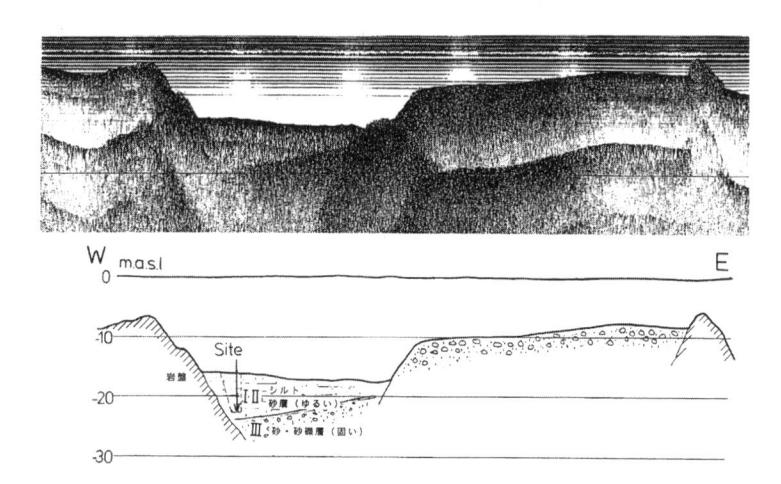

第26図　サブボトムプロファーラーによる海底遺跡探査(東西断面)とその解釈
　　　　(鷹島町教育委員会1993)

一緒に当時の縄文人が食べたシカとイノシシ、さらにイヌの骨もでました。これらの出土資料からこの位置に遺跡があったことを確認できました。その深さは-25mという位置です。土器や石器と一緒に出たスガイとイシダタミの14C年代は、約8,500BP頃でした(鷹島町教育委員会1993)。その結果、年代からは本遺跡は先苅貝塚と同時期で、犬島貝塚より少し新しい時期とな

ることがわかりました。

　この遺跡が確認された地点の少し沖合からは、マガキ化石が産出しており、それは約 10,600 BP 頃という 14C 年代であることが報告されています。伊万里湾沿岸では、縄文時代中期の伊万里貝塚も知られており、それらをまとめたのが第 27 図です。この深さ −35 m で干潟に生息するマガキがみつかったことから、約 10,000 BP 頃の海がこの位置に達していたことが明らかになりました。その後、8,500〜8,400 BP 頃になると −25 m の鷹島海底遺跡の地点まで海面が上昇したことを示しています。この伊万里湾では南関東と異なり約 2,000 年も遅れて、約 4,000 BP 頃に海が最も高くなっています。約 4,400 BP を示す伊万里貝塚が、現海面と接するように海抜 40 cm の低いところにあります。このような証拠から伊万里湾周辺の約 10,000 BP 頃以降の海面変化をみると、湾の周辺に分布する縄文時代早期から前期の低地遺跡の中には、現在海底に沈んでいる遺跡があると理解することができます。

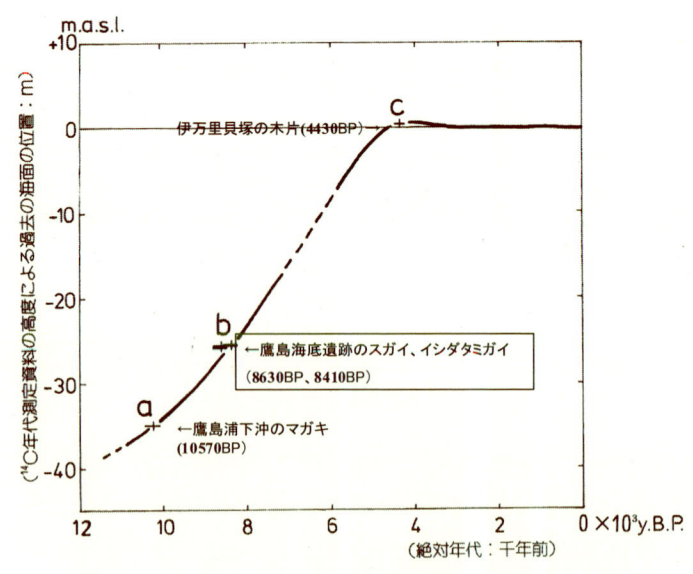

第 27 図　伊万里湾における完新世の相対的海面変化 (長岡 1993)

縄文海進と海底に没した縄文時代早期の貝塚

●房総半島南端の館山沖ノ島遺跡

　3例目は、最近明らかに海底遺跡の紹介です（第28図）。そこは房総半島南端の館山沖ノ島です。館山湾南岸に位置する沖ノ島は、現在では陸続きとなった小島です。沖ノ島は南房総国定公園内にあり、海岸の公園として多くの人々に利用されています。このきれいな小島の海岸には、浮遊してきた沢山のゴミが流れ着いていてゴミの島となりつつあります。地元の人たちが大量のゴミの清掃を行ないながら、ビーチコーミングをしています。海岸に打ち上がるいろいろなものを拾い集め分類しコレクションしている考古学の好きな人もいます。この海岸の1ヶ所からはなぜか、イルカの耳石、いわゆる布袋石がたくさん拾えるのです。それはいろいろな色調できれいなことから、昔から根付として大事にされてきました。布袋石が拾えることが人々に知られて今までは数100個も拾われています。この布袋石（イルカの耳石）と一緒に、かなりの数の縄文土器が出てきたのです。多数の縄文土器が海岸で拾

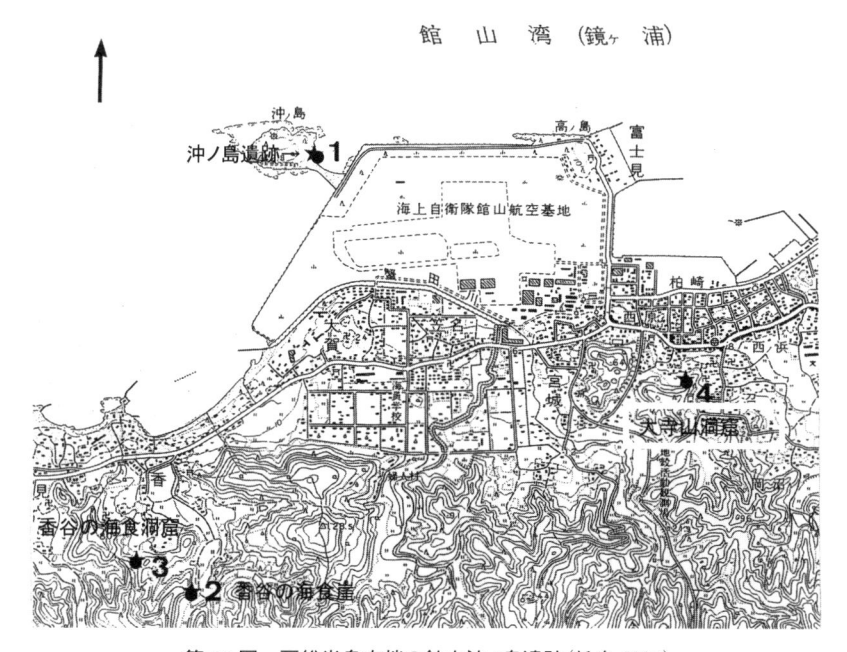

第28図　房総半島南端の館山沖ノ島遺跡（松島2007）

Ⅱ　第2回　研究会・講演会

えることは、背後に縄文時代の遺跡があって、そこから流れでて海岸に打ち上がったものと推測されますが、ここは海抜10mほどの小島ですので、その様なことは全く無く不思議な現象とされていました。最近になってこの謎を解明するため、縄文土器を千葉大学考古学教室へ持ち込み先生に詳しく調べてもらいました。縄文土器は南関東でも相当に古い、縄文時代草創期撚糸文式土器であることが解りました。拾われた地点は沖ノ島の東海岸の波打ち際です。この土器とその出土に注目した千葉大学考古学教室では、早速、遺跡確認のために本格的な発掘調査を2003年から実施しました（千葉大学文学部考古学研究室2006）。発掘地点は第29図のように沖ノ島東海岸の波打ち際です。発掘調査は潮が引く時間帯に合わせて行っていますが、満ち潮になると発掘現場はすっかり水没してしまいます。翌日は水没して土砂に埋もれたトレンチを再びきれいに成形しながら掘削調査を行いました。トレンチは海岸線から海に向かって長さ10m、幅1m、深さ2m近くとなります（第31図）。地層はいずれも砂層で予想以上に硬く絞まっており、遺物包含層を含めて陸側から海に向かって傾斜しています。遺物の出土した深度は汀線付近から－1mの範囲となっており、確実に現在の海面下から出土しました。確認された遺物は無文土器、黒曜石製の石器、炭、灰の集中箇所、イルカの骨

第29図　館山市沖ノ島遺跡

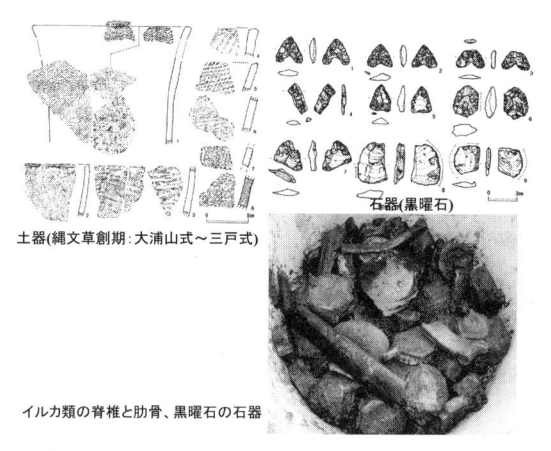

縄文海進と海底に没した縄文時代早期の貝塚

土器(縄文草創期:大浦山式〜三戸式)

石器(黒曜石)

イルカ類の脊椎と肋骨、黒曜石の石器

第 30 図　沖ノ島遺跡から出土した遺物(千葉大学文学部考古学研究室 2006)

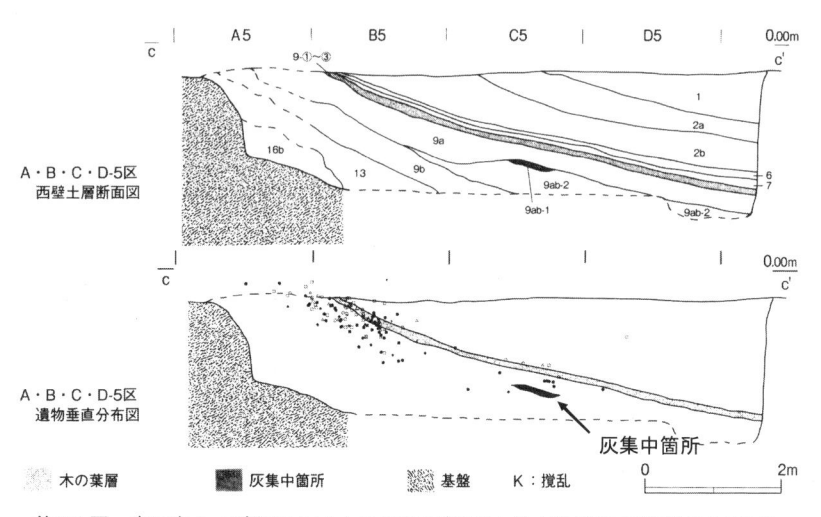

A・B・C・D-5区
西壁土層断面図

A・B・C・D-5区
遺物垂直分布図

灰集中箇所

木の葉層　　灰集中箇所　　基盤　　K：攪乱

第 31 図　海に向かって掘られたトレンチの断面(千葉大学文学部考古学研究室 2006)

など（第30図）ですが、たくさん出土したイルカの骨以外はそれほど多くありません。他の多くの遺跡で認められるような、その場で生活をしていた気配を感じない状況です。このようなことからまとめてみると、無文土器は縄文時代草創期の大浦山式土器や三戸式土器となり（第30図）、東京湾を挟ん

II　第2回　研究会・講演会

で対岸の三浦半島から持ち込まれたことを示しています。土器と一緒に出土した植物遺体により、8,705 BP頃と8,735 BP頃の14C年代が明らかにされています。この年代は犬島貝塚よりも古い時代であることを示しています。イルカの骨は肋骨や脊椎骨が大部分で頭骨は稀でした。また、一緒に黒曜石が出てきます。骨の状態をよく調べてみると、イルカを湾奥の浅瀬に追い込み捕えたと推測できます。捕えたイルカをこの低地へ持ち込んで、一部は解体をした可能性もうかがえます。そこで火を焚いた後の炭とその灰の集中箇所がみつかったわけです。このような場所を今の地形から考えると、遺物の出土高度は0～-1mです。先に述べた知多半島の先苅貝塚の場合と同様に当時の汀線は、遺物が出土した標高から2mくらい下に位置していたのではないかと推定でき、-3m前後にあったといえます。この明らかになった沖ノ島遺跡の14C年代値と海抜高度を、横浜港周辺で明らかになった約10,000 BP頃以降の相対的海面変化曲線に投影してみます（第32図）。そうすると、遺跡は現在の標高に換算して海抜-25m前後に位置していたことが明らかになりました。この地点から下へほぼ2m下がったところで海面

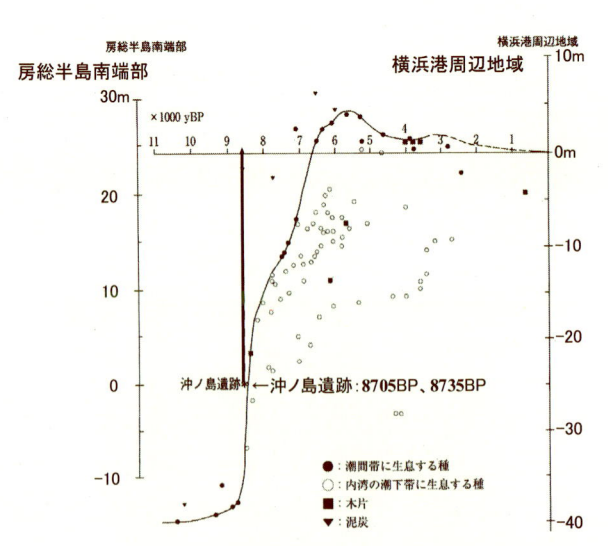

第32図　約1万年前以降の相対的海面変化曲線に投影した沖ノ島遺跡の位置とその後の隆起量（松島2006b）

変化曲線と交差します。つまり、当時の海面が2m前後の低い地点の海抜－27m付近にあったと推定できます。沖ノ島遺跡は約8,700年間に、およそ25m前後の隆起があったことを示していました。房総半島南端の本地域は10,000 BP頃以降の基盤の隆起量が、いかに大きいのかを表しています。横浜港周辺では約6,000 BP頃に縄文海進最高期には海面が4.5m前後の高さに達しましたが、この房総南端部ではなんと27～28mもの高さになっていたことが明らかにされています。その証拠の1つに海抜16～17mの高いところから見つかる沼のサンゴ礁の化石があります。このサンゴ化石の年代は、約7,000～6,500 BP頃で、最も温暖化した時期と一致します。このサンゴ礁化石は、南の熱帯のサンゴ礁と異なって水深が10mくらい大きい海底の環境でないと生息できないのです。それより浅いところでは冬の寒さに耐え切れず死んでしまいます。水深が10mくらいですと冬の季節風の影響を受けず、水温が17℃以上を保つことで生息することができています。サンゴの生息に必要な最低温度は17℃ですから、それより高い海水温が望まれます。冬期の海水温が17℃となる北限が、房総半島南端部の水深10mの場所となっています。また、サンゴ化石と一緒に産出する貝類、貝形虫、有孔虫はいずれも潮間帯で生息する種ではなく、上部浅海帯に生息する種となっています。このように複数の生物の生態的特徴は、水深が10m前後の環境で生息していることから、化石サンゴ礁が産出する高度に10mの海水を加算すると海抜26～27mとなり、この高さが沼のサンゴ礁化石が生息していた約7,000～6,500 BP頃の海面の位置といえます。この推測した海抜26～27mに海面が存在したのかを確認する調査を行いました。山の中腹に点在する崖をしらみつぶしに観察したところ、ついに化石サンゴ礁より約10m上方に推定値と同じ高さに穿孔貝による巣穴痕の残された露頭（第33図）を2ヶ所でみつけました。この穿孔貝の巣穴が化石サンゴ礁の生息していたときの汀線であることを証明しました。この発見した研究成果を1980年の日本地質学会で発表したのですが、古生物を研究されている人は大いに関心を示してくれました。しかし、地形や地質を研究されている人の反応がそれほどではなかったのです。なぜかというと、これが貝の巣穴の跡

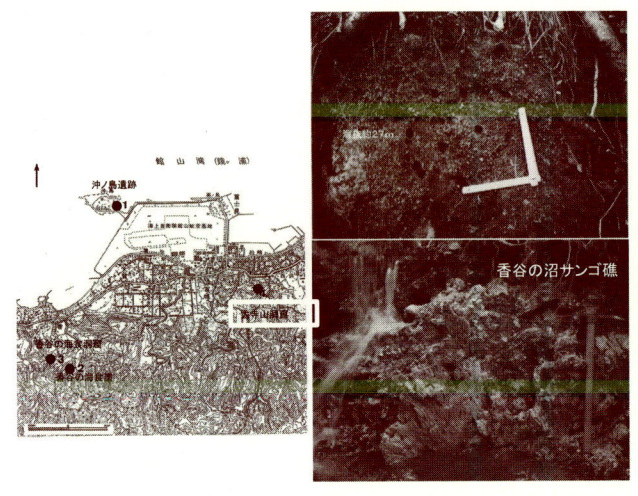

第33図　大寺山遺跡と香谷のサンゴ礁、27m付近で発見された穿孔貝の巣穴化石

であることは理解するのですが、その形成年代を示さなかったため、いくらサンゴや共産した貝類と有孔虫の生態から推定して求めた高さであると解説しても納得されませんでした（松島1980）。今から28年も前のことですからなかなか理解されなかったのも当然でしょう。最近になって、日本大学大学院生の石田さんが、私が調べた崖の反対側の崖を調査して、海抜27m前後の位置に多数の穿孔貝の巣穴とヤッコカンザシ化石を見つけ、その14C年代測定を示しています（Ishida et al. 2002）。その結果、私の示した汀線の測定値と年代値がいずれも一致したのです（第34図）。したがって、この海抜27mは、房総半島南端部における約6,500BP頃の海面を示していたことが25年後に証明されました（第32図）。

　このように高い位置に旧汀線が残されている原因は何かというと、地震による大地の隆起です。1923年の大正関東地震では1.8m、1707年の元禄地震の時には5mも土地の隆起したことで知られています。本地域は日本列島の中でも特に巨大地震によって土地が大きく隆起する顕著な場所であることを示していたのです。

　以上3地点から見つかった縄文時代草創期末から早期初頭の遺跡が、海底

縄文海進と海底に没した縄文時代早期の貝塚

第 34 図　2000 年石田さんにより発見された集落裏の海蝕洞窟

に埋もれていた様子の一端を知ることができました。そしてこの時期の海面が、現在よりずっと低い位置にあったことも確認できました。さらにそれぞれの遺跡は、短期間存在して水没したことも明らかになりました。

まとめにかえて

　現在までに日本列島で調べられた縄文時代の遺跡は、無数に確認され報告されていますが、それらは全て陸上にあったことによります。少なくとも海面が低かった約 10,000 BP 頃から約 6,500 BP 頃に至る縄文時代草創期から早期の遺跡の数は大変に少ないです。その 1 つには縄文草創期から早期の各時期において、海岸近くにあった遺跡が、全て海面上昇によって失われたか、海に沈んでしまったことによるのです。その後、海に沈んだ遺跡の上には厚い堆積物が被っていて発見することを困難にさせているためです。したがって、先の 3 地点で見つかった遺跡は稀な例といえるでしょう。

　犬島貝塚を中心とする瀬戸内海のこの地域には、縄文時代早期の貝塚遺跡

で主なのが礼田崎貝塚、黒島貝塚、黄島貝塚となっています。いずれも小島の頂部の平場に位置しています。礼田崎貝塚だけは例外で、貝塚の大半が侵食で失われ、ほんの一部だけが島先端部の頂きに残されています。遠部さんはこれらの遺跡から出土するヤマトシジミとハイガイを試料として14C測定を行ないました。その結果、礼田崎貝塚は約8,800 BP頃、犬島貝塚が約8,600 BP頃、黒島貝塚と黄島貝塚は約8,500～8,400 BP頃の年代を示すことを明らかにしています（遠部2008）。このことから本地域における縄文時代早期の貝塚が形成された約8,800～8,400 BP頃の海岸線の位置を明らかにすることが急務となってきました。

　瀬戸内海は約20,000 BP頃の最終氷期には全て陸化していて、広大な平野となっていました。分水界は備讃瀬戸となり岡山市内を流れる吉井川と旭川は東方へ、高梁川は西方へ流れていました。それらは瀬戸内海の海底に残されている化石谷を流れて東方の紀伊水道へ、一方西は豊後水道へと流れていたのです（桑代1959）。約14,000 BP頃からの温暖化により海水が東の紀伊水道と、西の豊後水道から流入してきます。その後少なくとも約8,500 BP頃までは分水界の備讃瀬戸を越えることがなく東西2つに分かれた内海となっていましたが、約8,500～8,000 BP頃の時期には現在の瀬戸内海が成立したと推定されています。最近の大阪湾神戸沖（増田ほか2000）や播磨灘沿岸（前田1980）、高梁川低地の水島地域（鈴木2004）の調査によって、もう少し詳しい瀬戸内海の成立年代の検討ができるようになってきました。私の考えは前述しました海底3遺跡の情報と、この地域から産出する貝類の生態的特徴から、約8,300BP頃後に現在の瀬戸内海ができあがったと推定しています。この時期の海岸線は−18～−19 mにあったと推測します。したがって、地竹ノ子島の平場にある犬島貝塚の形成時の海面は−23 m前後に想定され、およそ33 mも下方に位置する潟へ下りヤマトシジミを取りにいっていたと推測できます。今後の調査ではこれらの予想値をもとに犬島貝塚を中心とする周辺地域の調査を進めて確かな海岸線の位置を確認し、それをもとに当時の自然環境の復元ができればと思います。

犬島の遺跡の発見歴

小野　伸・楠原　透

　まず、犬島では町内会長であった井上兼市さんが考古学的調査の幕を開けました。その後、水内昌康先生、中川満男先生、久本健二先生らによって踏査が行われました。そして、地元では藤原一郎君による踏査、犬島中学校の岸本正典先生による踏査も行われております。

　在りし日の岸本先生の写真（第2図）がありますが、小野が1976年犬島へ初めて行ったとき、松ヶ鼻遺跡にて撮影しました。第1表には私たちの犬島の遺跡の踏査の記録を示しています。

　1980年ごろ、地竹ノ子島から撮影した沖竹ノ子島の景色（第3図）と現在（第4図）とを見比べてみますと、かなり変貌しています。第1地点はあまり

第1表

	踏査日	井上兼一	小野伸	小野勢	大森透	備考
松ヶ鼻遺跡	1969. 1.11	○				
	1969. 8.23	○				
	1972. 7.27	○				水内昌康・中川満雄・久本健二調査同行。
	1976.12.26		○			岸本正憲同行。
小山岬遺跡	1977. 1.15		○			
	1983.10.28		○			
沖島子ノ竹	1973頃				○	
	1978.14		○	○		
	1979. 5		○	○		ほか2名
犬島貝塚	1980. 8.24		○			
	1983.10.16		○		○	
	2004. 5. 1		○			ほか1名
地竹ノ子島	1979. 4.15		○	○		第1・第2地点
	1979. 7. 1			○		第1地点
	1979. 7. 7		○	○		第1・第2地点
	1980. 8.23		○			第3地点
	1981. 5. 1		○			第3地点
	1982.10.11		○			第3地点
	1983.10.16		○		○	第3地点
	1998. 8.23		○		○	第3地点（横井正樹同行）
	2004. 5. 1		○			第3地点（ほか1名）
沖鼓島	1983.11. 1		○			
	1984.10. 2		○	○	○	

Ⅱ　第2回　研究会・講演会

変化していませんが、沖竹ノ子島第2地点は5年前の台風16号の高潮により、崩落が進みました（第5図）。特に犬島貝塚では、貝層部下部が雨風や波による浸食で極端な崩落が進み、貝層の一部が固まりで剥離し落下、散乱、水没している現状です。

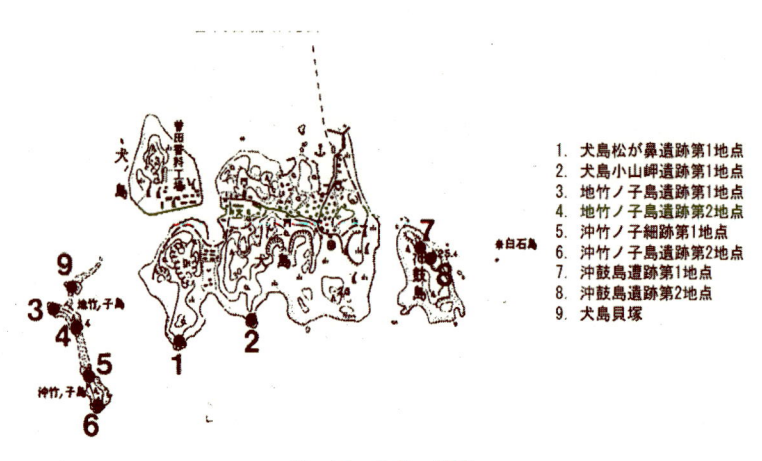

1. 犬島松が鼻遺跡第1地点
2. 犬島小山岬遺跡第1地点
3. 地竹ノ子島遺跡第1地点
4. 地竹ノ子島遺跡第2地点
5. 沖竹ノ子細跡第1地点
6. 沖竹ノ子島遺跡第2地点
7. 沖鼓島遺跡第1地点
8. 沖鼓島遺跡第2地点
9. 犬島貝塚

第1図　犬島の遺跡

第2図　1976年の松ヶ鼻遺跡

第3図　沖竹ノ子島（1980年）

第4図　沖竹ノ子島（2008年）

Ⅱ　第2回　研究会・講演会

第5図　沖竹ノ子島　第2地点

　最後になりましたが、ご来場くださった恩師の先生方ならびに考古学関係の諸先生方にはご指導・ご支援を頂き、誠にありがとうございます。1976年、私の犬島踏査以来、一緒に研究・協力してくださった先生方、小野勢の理解・協力、そして横井正樹君の協力によって、犬島で9箇所の遺跡を発見することができました。本当にありがとうございました。

回顧録

堤　芳男

　犬島貝塚は縄文時代の貝塚ですが、縄文時代の研究で実際に私がしてきたことといえば、食料としてのドングリの食べ方の研究です。現在、私たちは米を主食に食べています。縄文時代に主食として食べたものは、貝塚のお話から、貝であったなどと思われがちですが、これはやはりおかずであって、主食の方はドングリだと思っています。そのドングリの、灰汁抜きの方法などを研究しておりました。実際、縄文時代人がどうやって灰汁を抜いていたかといいますと、それが縄文土器の利用法にあたります。ドングリの灰汁を抜くには、水へ浸して毎日一回ぐらい炊きます。それに縄文土器が使われるわけです。炊いていくと、茶色の灰汁が抜けますが、一遍や二遍では抜けませんので、十遍くらい抜いたら、ようやく食料になるわけです。

　このたびは、本当にいい貝塚を発見していただき、大変助かりました。

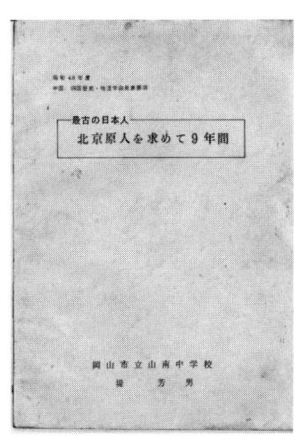

境　芳男著『最古の日本人　北京原人を求めて9年間』

犬島貝塚　発掘調査前　測定記録

中 島 直 樹

はじめに

　平成20年8月に第1次犬島貝塚発掘調査が行われました。弊社は発掘調査前に、地竹ノ子島および貝塚の三次元計測を行いましたので、その計測方法および測定結果について述べていきます。

1. 計測概要

　貝層崩落が進む犬島貝塚の調査保護一環として計測を行い、貝層のデジタル記録および地竹ノ子島の平面図を作成しました。

　計測工程および内容ですが、まず地上型三次元レーザースキャナを使用して、島全体を計測しました（縦横5cm間隔の密度で計測）。次に非接触三次元デジタイザを使用して、貝層部分と島の中央部にある石塔を詳細に計測しました（縦横1mm間隔の密度で計測）。その後、計測データの合成・編集作業を行ない、三次元データから平面図・断面図を作成しました。

2. 計測方法

　地竹ノ子島の詳細な地形図作成および貝層位置把握のため、地上型三次元レーザースキャナを使用しました。この機器は、対象物にレーザーを照射し、反射して帰ってくるまでにかかる時間から距離を測定すると同時に、照射し

た方向から角度を測定するものです。これらの情報から三次元データを取得することができます。レーザー計測のため対象物に直接触れることなく、離れたところから計測できることが、大きな特徴です。

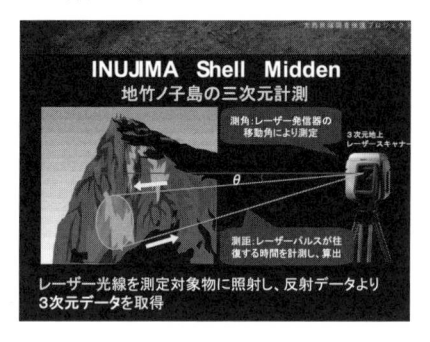

　使用したのは、ニコントリンブル社製の地上型三次元レーザースキャナ Trimble GX です。この機器は測定距離が 2 ～ 350m、水平角度で 360 度、仰角 60 度範囲内で計測ができます。また 1 秒間に最大 5,000 点の三次元情報を取得することが可能です。位置情報と共に色情報も取得することができます。

　計測方法は、まず対象物が計測できる箇所に機器を設置しノートパソコンと接続します。操作は全てノートパソコンより行います。次に、内蔵カメラにより対象範囲のパノラマ撮影を行い、撮影された写真から計測範囲と計測間隔を指定した後、対象物の計測を開始します。計測間隔の設定は、縦・横方向ともに 5cm としました。ただし、貝層部分は、次に述べる別機器のデータとの合成が必要なため、2mm 間隔で計測を行いました。

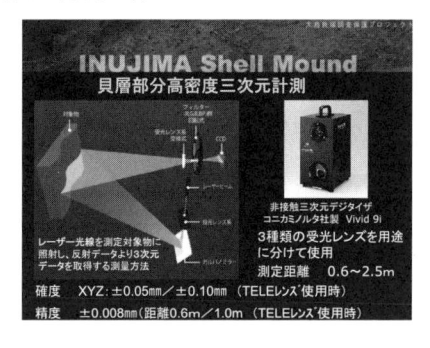

　貝層部分および島中央部にある石塔の計測には、非接触三次元デジタイザを使用しました。この機器の測定原理は、上記で述べた地上型三次元レーザースキャナとは異なり、レーザービームによる光切断方式を採用しています。対象物にスリット状のレーザー光を照射し、その反射光を CCD カメラで受光するという三角測量の原理で、対象物に直接触れることなく三次元位置情報を取得することができます。

　使用したのはコニカミノルタ社製の非接触三次元デジタイザ VIVID 9i で

す。この機器は計測距離に応じて、三種類の受光レンズを使い分け、最小で 0.15 mm 間隔での計測が可能です。計測は日没と同時に行いました。これはこの機器がもともと室内専用につくられたものであり、日中は太陽光線の影響を受け、レーザーの受光ができないためです。

計測方法は、まず対象物正面に機器を設置し、ノートパソコンと接続します。そして、ノートパソコンで機器の操作を行います。1回の計測時間はわずか15秒程度ですが、1回の計測範囲がおよそ縦20 cm×横30 cmであるため、計測は複数回を要しました。

3. 計測データ

第1図は地竹ノ子島の三次元データです。この三次元データから樹木の部分を除去し、島の地形データから等高線を作成しました（第2図）。

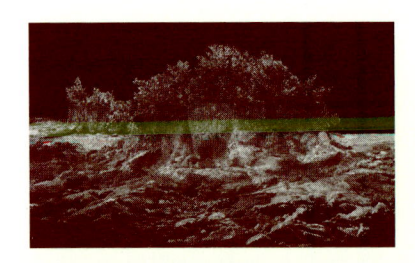

第1図　地竹ノ子島三次元データ

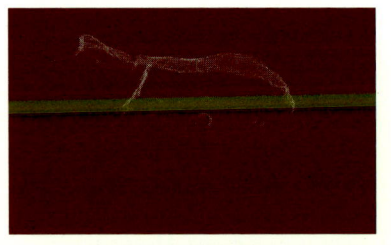

第2図　等高線作成

第3図は第1貝塚の三次元データです。左側は写真を貼り付けたデータ、真中はポリゴンデータ、右側は等高線データです。

第4図は島中央部にある石塔の三次元データです。VIVID 9iを用いて詳細に計測しました。30年ほど前には南無阿弥陀仏という文字が確認できていたということなので、今回の計測デ

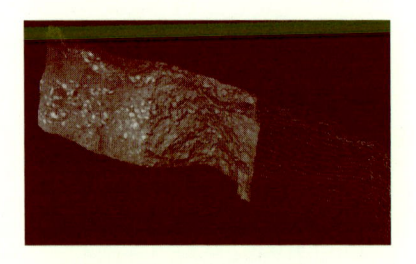

第3図　弟1貝塚三次元データ

犬島貝塚　発掘調査前　測定記録

ータを様々な角度から検証しましたが、文字の確認はできませんでした（第5図）。

第4図　石塔三次元データ　　　　第5図　石塔正面

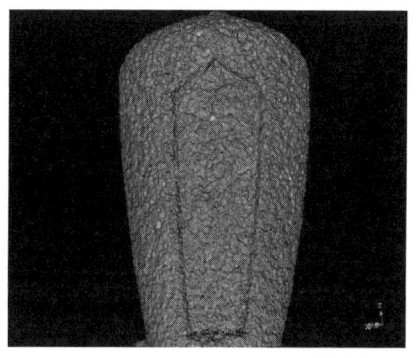

4．計測結果

　等高線データから、貝層の位置を記入した図面を作成しました（第6図）。この図面から、貝層の位置関係や貝層の寸法等を読み取ることができます。

　6月と7月の2回に分けて第2貝層を計測し、その比較図面を作成しました。これをみると貝層の崩落が一目瞭然です（p.108 第4図参照）。

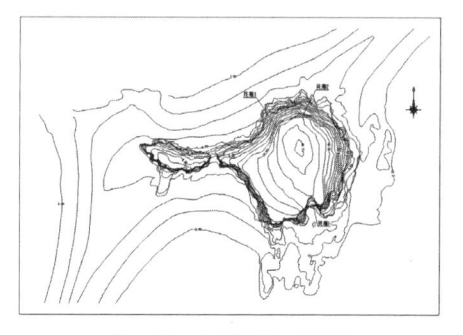

第6図　犬島貝塚の平面図

105

【第1次発掘調査概報】

1. 調査の概要

大智淳宏・元木俊文・富岡直人

　犬島にはこれまでに9つの遺跡が発見されています。犬島諸島は大小5つの島々からなり、今回発掘された貝塚のある島は地竹ノ子島と呼ばれています（第1図矢印）。貝塚の所在する地竹ノ子島は犬島本島より200mほど離れておりますので、地元の方々の協力により、船で渡りました。この貝塚は大きく第1貝塚と第2貝塚の2つに分かれています。第2図の左側が第1貝塚、右側が第2貝塚、第3貝塚となっています。第2貝塚、第3貝塚とに分けている理由は※、この貝層がつながっているのか、離れているのかわかりにくいためです。崖（がけ）に露出した第2貝塚を2回にわけて、三次元測量を行ないました。第4図の⑪⑫の分かれている右側のラインが1回目の測量、左側の

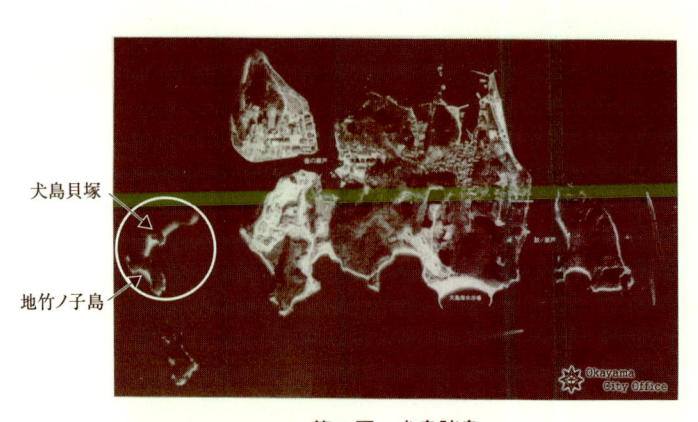

第1図　犬島諸島
※第2、第3貝塚は内容が類似し、分布が繋がる可能性が高いことから一つの貝塚と考えることが適当と考えています。

第 1 次発掘調査概報

第 2 図　犬島貝塚（a：第 1 貝塚、b：第 2 貝塚、c：第 3 貝塚）

第 3 図　犬島第 2 貝塚の崖面での露出状況の三次元測量
　　　　（西部技術コンサルタント作図）

Ⅱ 第2回 研究会・講演会

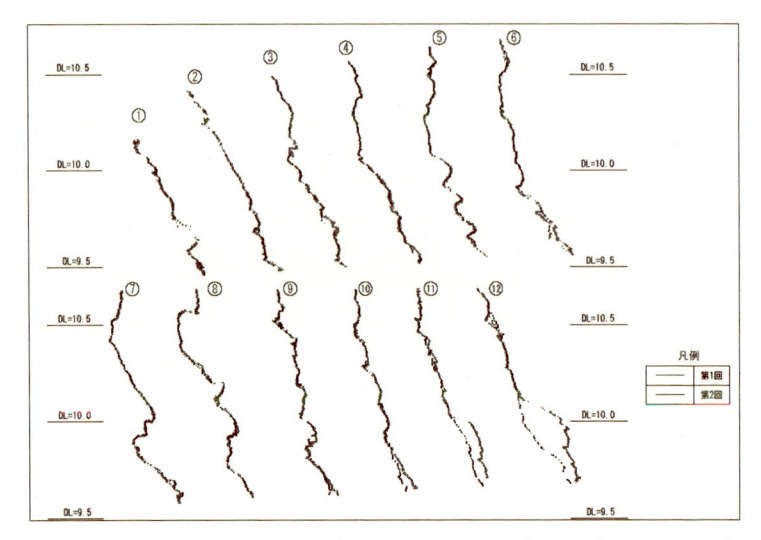

第4図　貝層2　露出した第2貝塚断面の経年変化比較図（西部技術コンサルタント作図）

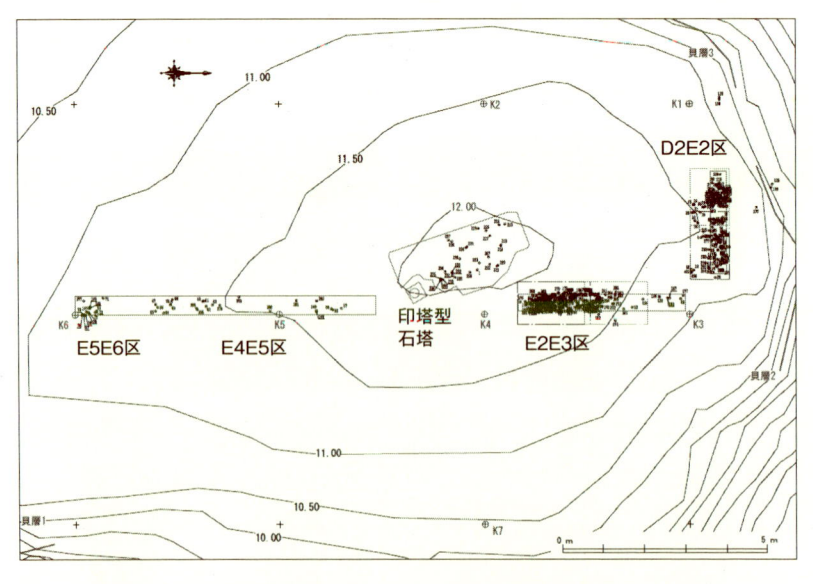

第5図　犬島貝塚遺物出土位置プロット図（西部技術コンサルタント作図）

108

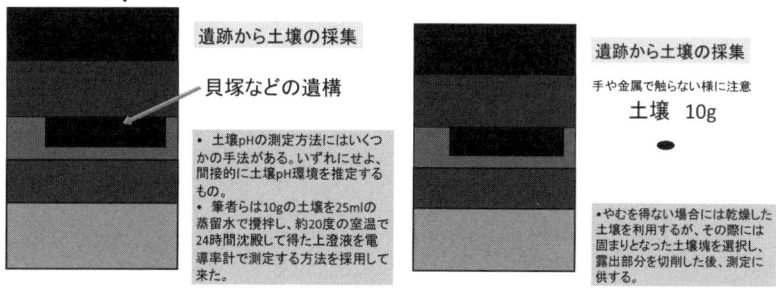

第 1 次発掘調査概報

土壌pH分析

遺跡から土壌の採集
→貝塚などの遺構

・土壌pHの測定方法にはいくつかの手法がある。いずれにせよ、間接的に土壌pH環境を推定するもの。
・筆者らは10gの土壌を25mlの蒸留水で撹拌し、約20度の室温で24時間沈殿して得た上澄液を電導率計で測定する方法を採用して来た。

遺跡から土壌の採集
手や金属で触らない様に注意
土壌 10g

・やむを得ない場合には乾燥した土壌を利用するが、その際には固まりとなった土壌塊を選択し、露出部分を切削した後、測定に供する。

第6図　土壌pHサンプルの採集法

ラインが2回目の測量を表しています（第4図）。図からもわかるように第2貝塚は崩落が進行しているので発掘調査が急務と考えられたため、今回は第2貝塚をメインに発掘しています。遺跡の全貌を推定するために細長い発掘区（トレンチ）を設定しました。右側が第2貝塚になり、左側が第1貝塚になります（第5図）トレンチ幅は50cmで、全体の様子を調べるため、第2貝塚から第1貝塚へトレンチを伸ばしているのですが、中心にありますのが、近世の卵塔型石塔です。　　　（大智淳宏）

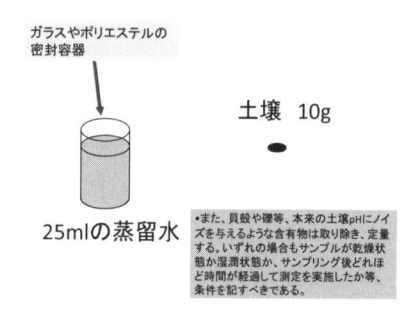

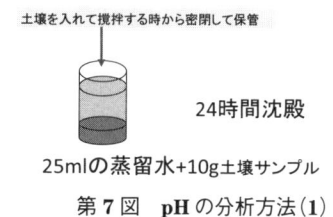

ガラスやポリエステルの密封容器
25mlの蒸留水
土壌 10g

・また、貝殻や礫等、本来の土壌pHにノイズを与えるような含有物は取り除き、定量する。いずれの場合もサンプルが乾燥状態か湿潤状態か、サンプリング後どれほど時間が経過して測定を実施したか等、条件を記すべきである。

土壌を入れて撹拌する時から密閉して保管
25mlの蒸留水+10g土壌サンプル
24時間沈殿

第7図　pHの分析方法（1）

　次に、土壌pHの分析は、第7図のように遺跡から土壌を採取してきまして、その内容を調べるという方法を行います。土壌pHの値は低過ぎても高過ぎても遺物には悪影響が出てしまいます。特に貝塚の貝や骨などのカルシウム分は溶けてしまいます。分析方法は、第7図のように土壌のサンプリングを約10g行って、蒸留水約25mlと撹拌し、24時間静置して、それを計

II 第2回 研究会・講演会

測するという流れで行ないます。採取した土壌をpH7に近い蒸留水の中に入れて撹拌します。すると、溶けて濁った水になり、静置してしばらく沈殿させると、上澄み液が出ます。下の方は味噌が沈んだお味噌汁のような状態になります。そこで、上澄みの部分をpH計で測定します（第8図）。これは電導率をpHに読み替える装置で、ガラス電極が先端についており、それを液の中に入れると数字が出てきます。今回、貝塚の2箇所で行い、貝塚以外の土層も測ってみました（第1表・第9図）。pHだけを抜き書いているものですが、薄いアミで示してあるのが第1貝塚で、値的にはまだ健康な貝塚の状態です。濃いアミで示してあるのが第2貝塚のpHで、危険な値です。第2貝塚はこのまま放っておくと、貝が溶けてしまい、貝塚がなくなってしまう状態であることがわかりました。貝がない土壌も、pH4に近い数値で、

第8図　土壌pHの分析方法（2）

表1　犬島貝塚のpH

層位	細分層位	貝塚	土壌サンプル区	土壌pHサンプルNo.	土壌pH
1層	—	1	E6N5区	1	4.38
		1	E6N5区	8	4.7
2層	2a層	1	E6N5区	2	4.81
	2b層	1	E6N5区	3	4.85
4層	4a層	2	D2E2区	5	4.39
		1	E6N5区	4	7.16
	4b層	2	D2E2区	6	4.59
		1	E6N5区	7	7.14

貝塚欄の数字　1：第1貝塚、2：第2貝塚

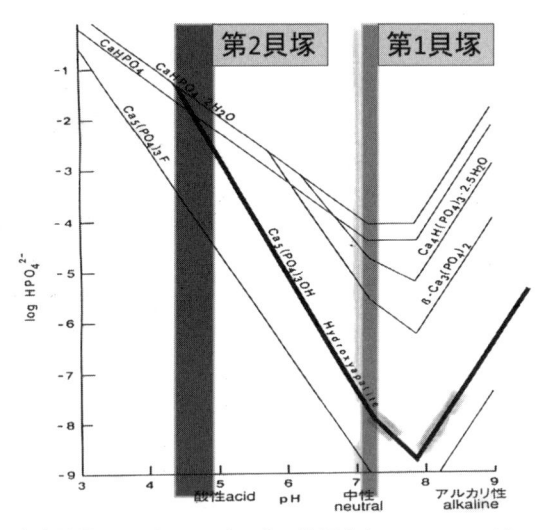

第 9 図　犬島貝塚の pH とカルシウム分の溶解度（Lindsay1979 より、一部改変）

貝があっても貝が溶けてしまう値です。溶け易さの指標となるリン酸カルシウムの溶解度を示したグラフ（第9図）では、一番谷になっている pH が 8 くらいです。この数値は、骨などのカルシウム分が溶けにくい安全な状態です。ここに貝塚の土壌 pH の数値が来ていれば大丈夫です。第1貝塚はこのあたりに近い状態ですが、第2貝塚は、4 に近い数値になっています。第1貝塚と比べ、第2貝塚とそれ以外の土層しか分布していないところは数万倍の溶けやすさになっているため、危険です。今残っている貝塚は、危険な状態になってからおそらく数十年しかたっていないのでまだ溶けていませんが、将来消えてしまうかもしれません。我々が存命中にも、かなり溶けて、風化し始めるのではないかという危惧があります。

　色々な遺跡での土壌 pH を比較してみます（第10図・第11図）。明石原人とも呼ばれた人骨が出たという西八木海岸の土層（明石西化石層群）を、東大の渡辺直経先生が分析されています（渡辺 1750ab）。その周辺の地層というのは pH が 4 に近いことが判明しました。このような pH では化石の人骨などが残るということがあまりないのではないかと考えられ、このことが明石

II　第2回　研究会・講演会

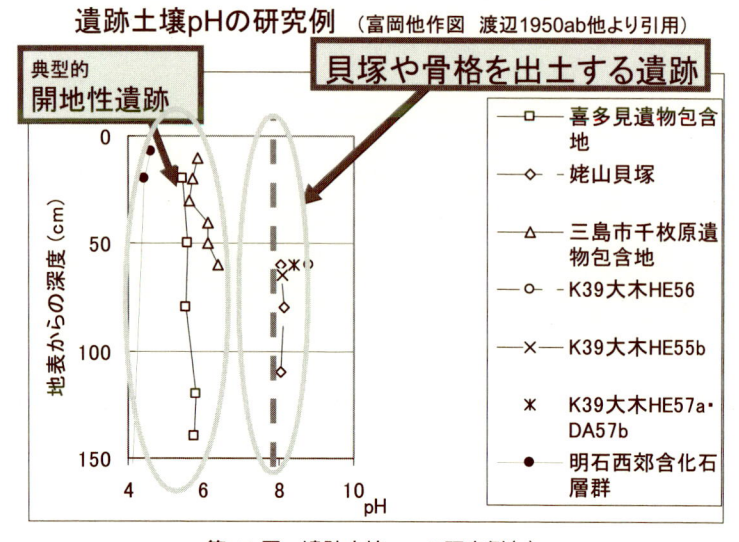

第10図　遺跡土壌 pH の研究例（1）

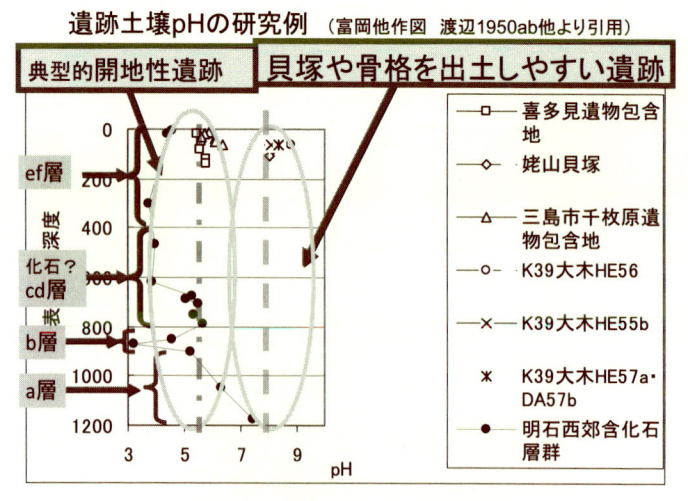

第11図　遺跡土壌 pH の研究例（2）

第1次発掘調査概報

原人の出土状況を考える上で非常にマイナスに捉られていました。化石人骨が残りにくかったところで、どうして化石が出たのか、もしかすると層位が怪しいのでないか、ほかのところから来たのではないかということさえ考えるきっかけになる内容だったわけです。このpH4くらいというのは、第2貝塚の危険な状況、つまり、骨が溶けてなくなってしまうと、渡辺先生が指摘した数値に近いのです。そういう状態にまで、第2貝塚では、pHが低くなっています。つまり酸性へと高まっているのです。骨を出土する遺跡というのは通常8に近いあたりで出てくることが多く、それ以下は典型的な開地性遺跡となっています（第10図）。「日本の遺跡は酸性土壌だから骨が残りにくい」といわれる所以です。明石人骨の遺跡でも、a層と言われるところだけがpHが低く（第11図）、ゾウの化石などが出たところではないかといわれており、骨の残存が良いのではないかといわれております。この渡辺先生の研究は海外でも有名です。

岡山理科大学のふもとの遺跡でpHを層位的に見たところ（第12図）、骨や貝が残っているというところは、pH8に近い数値でカルシウム分が残りやすいことがわかります。表土層は数値が低く、これは酸性雨などの影響が考えられます。

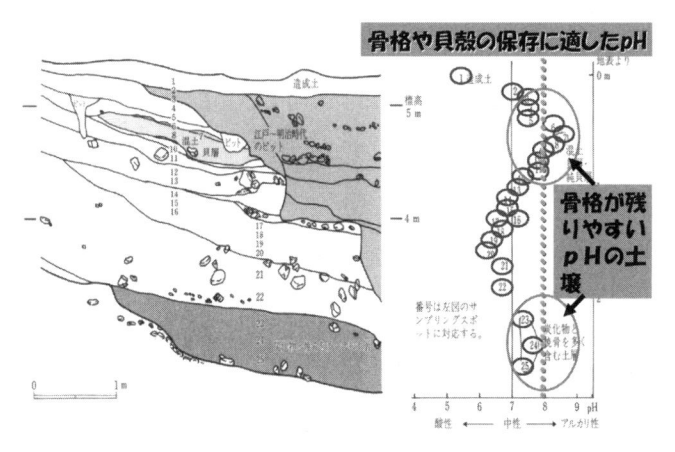

第12図　朝寝鼻貝塚東壁セクションと土壌pH分布図

Ⅱ　第2回　研究会・講演会

　犬島貝塚の第2貝塚の状況はこれよりもっと悪いのです。だから骨や貝が残りにくくなる可能性があるので、早急な土壌改良など手を打たなければいけません。つまり、「犬島貝塚遺跡調査保護プロジェクトチーム」と銘打って、「保護」をことさら強調したいというのはこういう理由もあるのです。

（富岡直人）

第13図　卵塔型石塔

　第1次犬島貝塚発掘において土壙が発見されました。第1号土壙SX01です。これに接するように豊島石製の卵塔型石塔、別名無縫塔があります（第13図）。塔身と受花の一体成形で蓮弁が表現され、近世中葉～末までに製作されたと考えられる貴重な資料です。両墓制の分布が指摘されているこの地域にあって、土壙が伴う可能性が指摘される状況は貴重な例といえます（第2次調査で土壙SX01は古墳時代の石室である可能性が生じ、土壙とこの石塔の関係は再考の必要性が生じている）。尺・寸規格で正確に製作されており、

第14図　卵塔型石塔（西部技術コンサルタント作図）

第15図　清泰院の墓塔　芋墓（在本2001）

第 1 次発掘調査概報

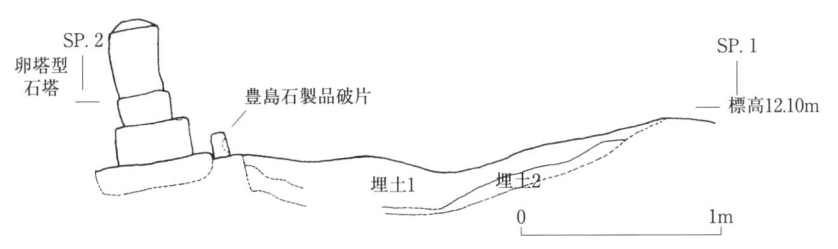

第 16 図　第 1 号土壙(SX01)セクション図

第 17 図　調査中の第 1 号土壙(SX01)と卵塔型石塔

塔身直径は1尺高で1尺8寸です。主体部の塔身に題目が書かれていますが、読めません。

通称「芋墓」と呼ばれる清泰院の墓塔は卵塔型石塔の類例で、岡山市民に親しまれています。大きさは約3mで、犬島の花崗岩が使用されています。第墓壙と考えられる土壙は四角形を呈することが判明しており、卵塔型石塔と土壙が伴う可能性が高まっています（第16図・第17図）。土壙墓として捉えている主体部の調査は実施していません。

115

Ⅱ　第2回　研究会・講演会

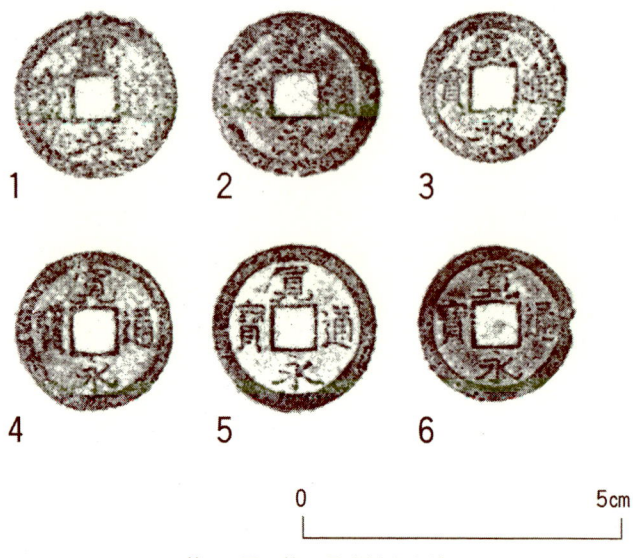

第18図　第1号土壙出土銭

　今回第1号土壙SX01の表土より出土した動物遺存体は、表土、盗掘坑、盗掘後に埋まった土壌中からアクキガイ科、ヤマタニシ科のヤマタニシ、シジミ科のヤマトシジミ、ヒザラガイ類、カモ科の動物遺存体が出土しました。これらは肉食性鳥類が盗掘された土壙の凹みに作った巣に持ち込んだものや、現代人が遺棄したゴミ、破壊された貝塚の貝類が混ざったものと推定されます。動物遺存体のほかにはガラスや金属類が15点、土器23点、石器29点が表土より出土しました。出土した銭（第18図）とガラス類（第19図）は副葬品か混入か、今後の発掘で証明される必要があります。他にワイン瓶の破片と思われる遺物は緑色透明のガラスで、シャンパーニュ型かブルゴーニュ型をした、飲料用の瓶と思われ、800cc程度の大きさと推定されます。

（元木俊文）

第１次発掘調査概報

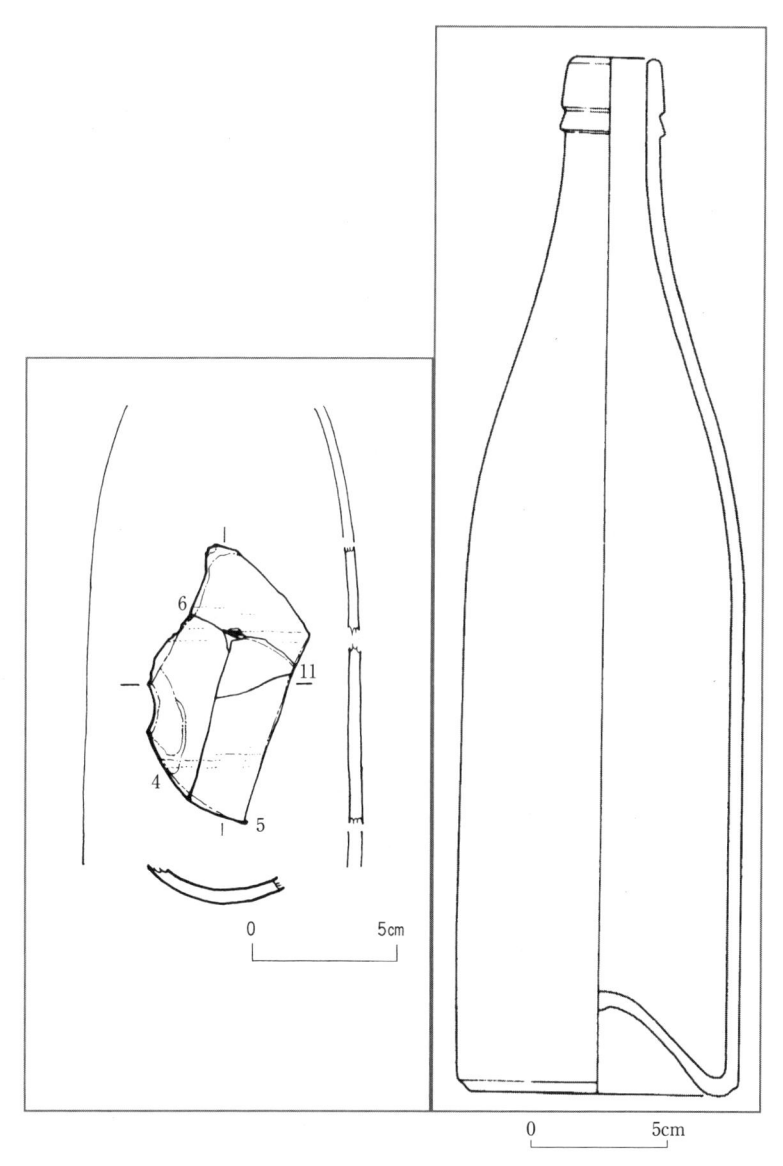

第 19 図　ガラス瓶
左：第１号土壙出土　右：　岡山城出土類例(岡山県古代吉備文化財センター　2003　岡山城二の丸跡 p.12)

117

【第1次発掘調査概報】

2. 出土土器

松本安紀彦

　犬島貝塚の発掘調査（第1次）でどんな土器が出てきたのか、また、この貝塚が古いといわれる理由について土器を中心に話をします。
　発掘調査から得られた土器については、まず押型文土器です（第1図1〜13、16）。山形文がたくさん出ており、楕円文は1点しか確認されません。基本的に押型文土器の場合、楕円文、山形文、その他いくつかの文様がありますが、時期が古いほど山形文が主流になってきます。山形文土器については、横方向に山形文が施文されるのが一般的です（第1図3）。しかし、時期が古いものになってくると、縦方向に山形文が施文されます（第1図1・2）。つまり、同じ山形文でも犬島貝塚から出てきたものは古いのではないかといえます。次に無文土器です。無文土器と押型文土器の関係については、第1回の研究会・講演会でも少し触れたように、縄文時代早期の古い段階では、両方が一緒に出てくる傾向があります。面白いことに口縁部に文様を持つものが非常に多く出てきています。小さい破片ですけれども、口縁部の内面にあるもの（第1図18）、口縁部の上面にあるもの（第1図17）、ちょっと異質で口縁部の外面にある非常に面白いもの（第1図24）、そういう土器が一緒に出てきています。これは地点が違う押型文土器では、面白いことに山形文土器にも、口縁部外面に刻みを持つもの（第1図25）があります。先ほど犬島貝塚の古さについて触れましたが、一般的に縄文時代の早期の貝塚として知られる牛窓町の黄島貝塚でたくさん出た土器というのは、第2図27のように口縁部の内面に柵のようなものをいくつも入れている柵状文が特徴で、これを一般的に「黄島式土器」といいます。この黄島式よりも第2図25の土器

第１次発掘調査概報

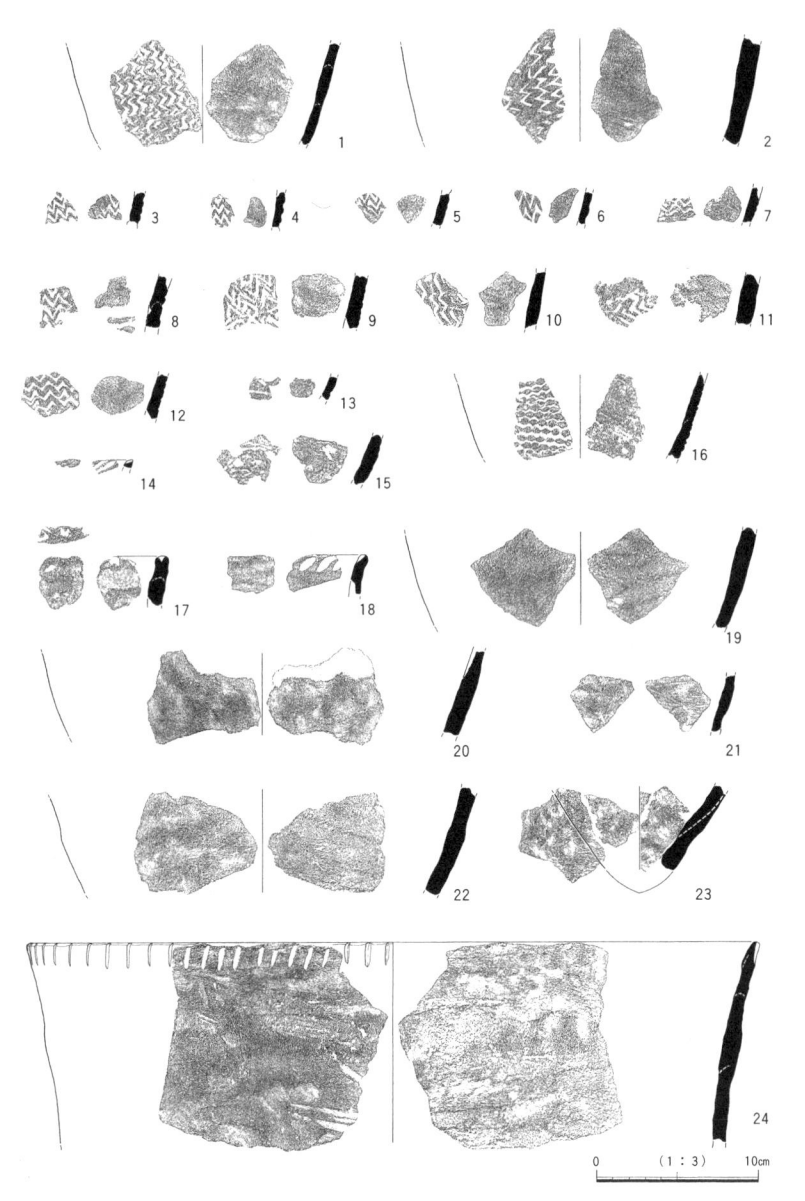

第１図　犬島貝塚第１次調査出土土器（D2E2）

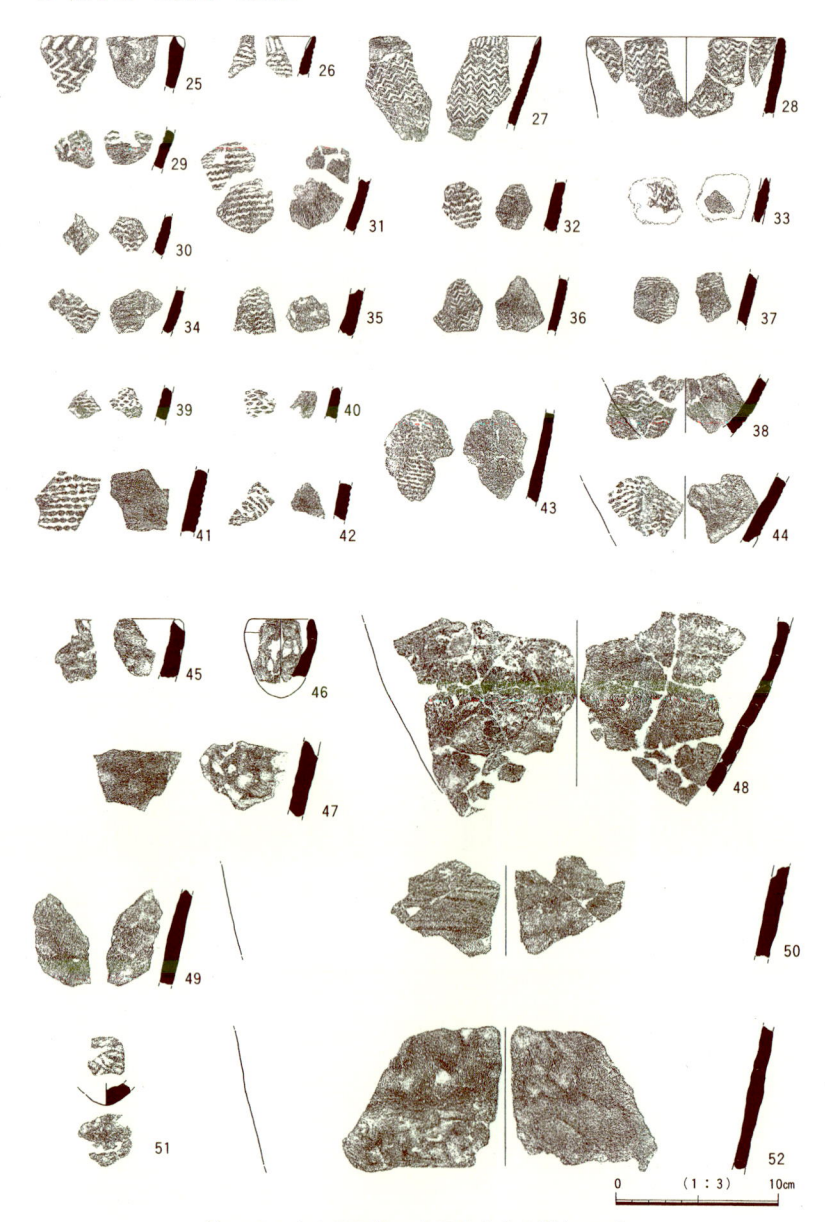

II 第2回 研究会・講演会

第2図 犬島貝塚第1次調査出土土器(E2E3)

は古く位置づけられており、高知県の刈谷我野遺跡などの発掘調査の成果などでわかっております。そういう古い特質を持つ押型文土器が犬島貝塚で出土していることから、瀬戸内海でこれまで見つかっていた黄島貝塚や黒島貝塚より古い特質を持っているといえます。この貝塚では無文土器が多いですが、典型的で非常に注目している土器の特徴を言いますと、口縁部に1つ文様があり、そして器の上胴部に一番広い径を持ちます。ふつうは土器を想像していただくと、だいたい逆三角形のものを想像する方が多いですが、ここの犬島貝塚の場合は胴の上のほうで一回ふくらみを持ってそこからすぼむ、ないしは直立気味に口縁のほうへあがっていく。そういう特徴を持っております。この特徴を持つ土器は高知県でも、九州の大分県の遺跡でも、たくさん見つかっています。この無文土器に伴う押型文土器はほとんど明らかになっておりません。ただ、明らかに伴っているのは古い特質を持っている山形文であり、こういう土器がみられることからも、犬島貝塚が古いということが明らかになってきています。

　また、つい最近の備前のすり鉢（第3図65）や、須恵質の土器（第3図66）が見つかっています。犬島貝塚は縄文人の活動の舞台だけではなく、もう少し時代が下ってからも古墳時代の人間、おそらく古代、平安時代のものと思われますが、そんな時代の人為物がわざわざ海を渡ってきて、なにか作業を担っていた、そういう痕跡を示すものでもあります。

Ⅱ 第2回 研究会・講演会

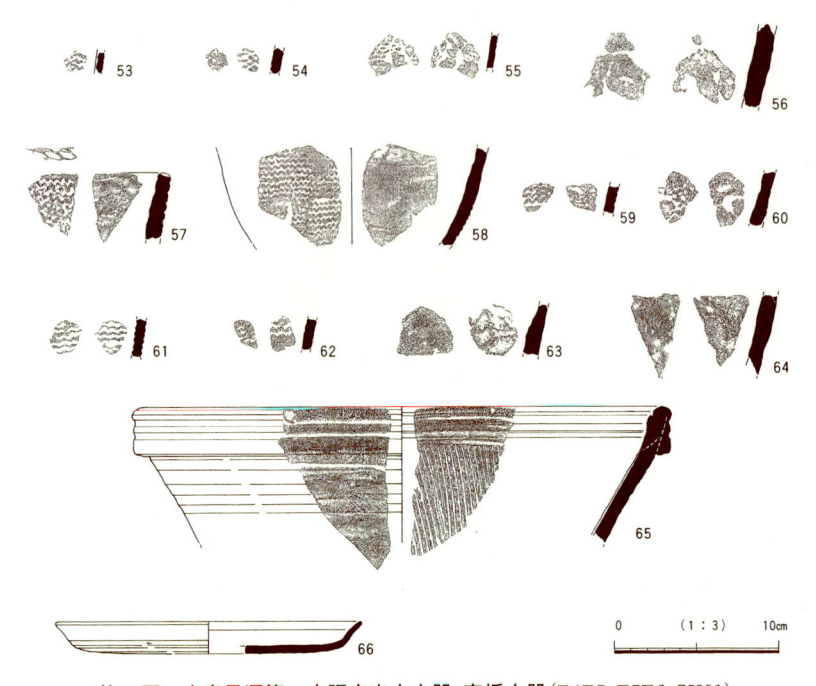

第3図 犬島貝塚第1次調査出土土器、表採土器（E4E5、E5E6、SX01）

【第1次発掘調査概報】

3. 貝類

畑 山 智 史

　犬島貝塚から出土した動物遺存体の分析を報告します。今回の発掘で出土した動物は、主に貝です。貝は、軟体動物門であるイカやタコなどの仲間に分類されますが、その中でもカワニナ科、アマオブネガイ科、またヤマタニシ、シジミなどが出土しました。

　魚や鳥類などの微細な遺物を確認する目的で、篩で土壌サンプルをふるってみました。カワニナ科やアマオブネカイ科などの小型貝類が検出したものの、魚骨などは未検出でした。第2次調査では魚や鳥類など遺存体が出れば良いなと期待しつつ、発掘調査を行いたいと思っております。

　第1号土壙は、明治以降の近現代の所産で、一部が近世に遡る可能性があります。この土壙からも脊椎動物門の鳥綱、ガンカモ科の頭蓋骨が出ております。

　出土した貝については、汽水域の貝が中心です。汽水域について、簡単に説明しますと、海水と淡水の混ざり合った塩分の少ない水で、ここに棲息するのがヤマトシジミと呼ばれるシジミです。ヤマトシジミを中心に、今度は淡水に棲息する貝であるマシジミ、遺跡からも出土していますオオタニシ、マルタニシ、イシガイなどといった淡水の貝が観察されました。

　対して、よくスーパーマーケットなどで見かけるアサリやハマグリといった海水に棲息している貝類が犬島貝塚の第1貝塚より出土しております。

　貝類をはじめとする生息域の境界線というのは曖昧でして、今回マルタニシも淡水としましたが、汽水域付近に棲息することもあり、明確ではありません。

123

II 第2回 研究会・講演会

動物遺存体の分析（第1次調査）

門	綱	科	種	SL01	SL02	SX01
軟体動物門	腹足綱	カワニナ科	チリメンカワニナ	○?		
			クロダカワニナ	○		
		アマオブネガイ科	ヒロクチカノコガイ		○	
		アクキガイ科				○
		タニシ科	オオタニシ	○		
			マルタニシ		○	
		ヤマタニシ科	ヤマタニシ			○
	斧足綱	シジミ科	ヤマトシジミ	○	○	○
		マルスダレガイ科	ハマグリ	○		
			アサリ	○		
		イシガイ科	イシガイ	○		
	多板綱（ヒザラガイ類）				○	○
脊椎動物門	鳥綱	ガンカモ科				○

SL01:第1貝塚 SL02:第2貝塚 SX01:第1号土壙

カワニナ科やアマオブネガイ科の小形貝類が検出された。魚類や鳥類、哺乳類等の微細な遺物は、未検出。第1・2貝塚の動物遺存体は、縄文時代早期押型文期の所産であると考えられる。ここで掲げた第1号土壙出土動物遺存体は、上部の攪乱層より出土したものがほとんどであり、その多くが明治〜平成時代の近現代の所産で、一部が近世に遡る可能性がある。脊椎動物門鳥綱が出土。

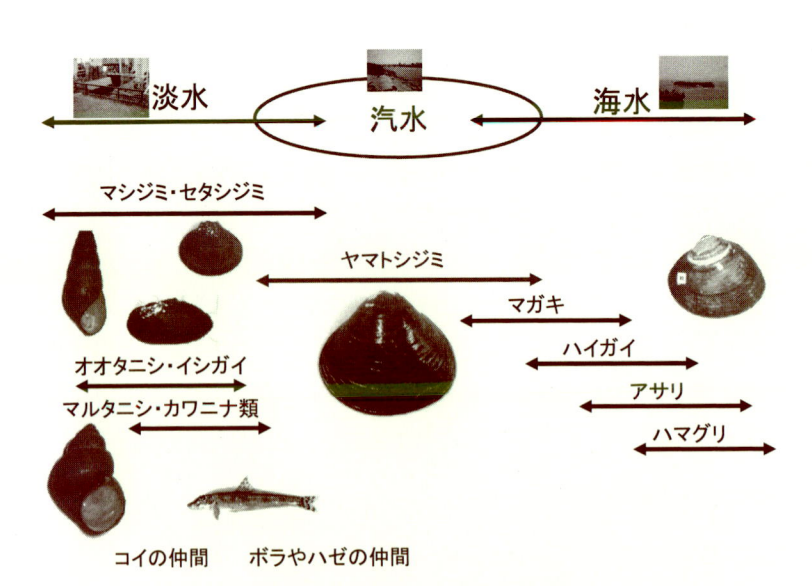

犬島貝塚から出土した動物の生息域

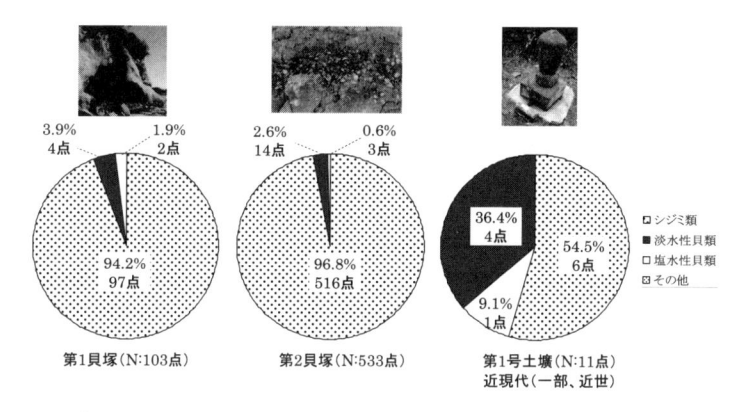

第1図　第1次犬島貝塚発掘調査出土動物遺存体の組成
第1、第2貝塚は縄文時代早期、第1号土壙は近現代に属する

　最後に今回、第1貝塚、第2貝塚、そして第1号土壙をそれぞれ区分し、どのような種類の動物が出土したのかを、比較してみました（第1図）。第1号土壙である近現代の方はシジミも出ているのですが、淡水性の貝類、塩水性の貝類、そして、ガン・カモ科といったその他の遺物がよく出土しています。第1貝塚や第2貝塚は、ヤマトシジミやマシジミなどの仲間が多く出土しています。

　また、前回と同様に貝殻成長線分析を行いました。貝殻を正中線に沿って切ると、貝殻成長線という縞状構造が見られます。これは樹木の年輪のように、1日に1本ずつ日周線が形成され、この線を数えることによって、貝が採取された日、貝が食べられた日などが推測され、海外では環境モニターとして利用されている分析法の1つでもあります。

　今回の分析結果は、発掘が終わった後に皆様へお届けできるかと思います。

【第1次発掘調査概報】

4. 犬島第2貝塚の炭素14年代測定値

遠部　慎

　これまで、瀬戸内海ではヤマトシジミの年代測定はほとんど行われておりません。私が知る限り、瀬戸内市の黒島貝塚で8,500 BPくらいという値が1つ出ているだけです。瀬戸内市の黄島貝塚では8,400 ± 350 BPという従来から有名な値がありますが、これはヤマトシジミではなく、ハイガイの値です。そこで数年前から私が中心となって瀬戸内海のヤマトシジミの年代測定を開始し、これまでに、豊島の礼田崎貝塚の年代値が8,900 BPくらい、黄島貝塚や黒島貝塚の年代が大体8,600 BPということがわかってきました。昨年夏、犬島貝塚の調査段階で第1貝塚の測定値をご報告したように、8,670 ± 40 BPと8,570 ± 40 BPの2つの測定値がこれまで得られています。今年、犬島の第2貝塚の調査では、8,780 ± 45 BPという値がでました。これは礼田崎貝塚に極めて近いデータであることがわかります。値だけ見比べても、第1貝塚と第2貝塚の年代差が見えてきたわけです。第1貝塚だけでも、岡山県内で犬島貝塚が最古であることは動きようがありませんでしたが、この第2貝塚の8,780 ± 45 BPという値が得られたことによって、8,800〜8,900 BPとされてきた瀬戸内海最古の礼田崎貝塚の尻尾がついに年代値から見えてきたのです。具体的にデータを順に並べていくと、大まかに礼田崎貝塚、犬島の第2貝塚・第1貝塚、そして黄島貝塚、黒島貝塚……、年代値がきれいに推移していることが読み取れるのです。今年は第2貝塚を中心に発掘調査を行ったのですが、得られたデータ数としては、まだ少ないものの、非常に興味深い結果を示しているのではないかと思います。同じ遺跡から出ている土器の付着物や炭化材などについても総合的に測定を重ねて検証して

おりますので、少なくとも礼田崎貝塚、犬島の第２貝塚、第１貝塚、そして黒島貝塚という流れは大枠動かないでしょう。同じヤマトシジミの貝塚でも、年代的推移がうかがえるということが最近徐々にわかってきたのです。これは瀬戸内海か汽水域であった段階がかなり時幅をもっていたことを示しています。

調査のまとめに入ります。犬島貝塚は原体をゴロゴロ回転させて文様をつける「押型文土器」を中心とした縄文時代早期、山形文土器から黄島式という頃の遺跡で、貝としてはヤマトシジミばかりが出土する貝塚です。そもそも瀬戸内海というのは約16,000～15,000年前から大阪湾方面と九州のエリアという２つの方向から海水が一気に入ってきてできあがった、いわば、本当に新しい海なのです。このプロセスを私たちは今読み解こうとしておりますが、犬島貝塚の頃には、香川県の西側に既に海が来ていた時代にあったのではないかと考えられます。このあたりに小蔦島貝塚などの貝塚がありますので、証拠になると思います。中央の瀬戸大橋があるエリアにある貝塚はそ

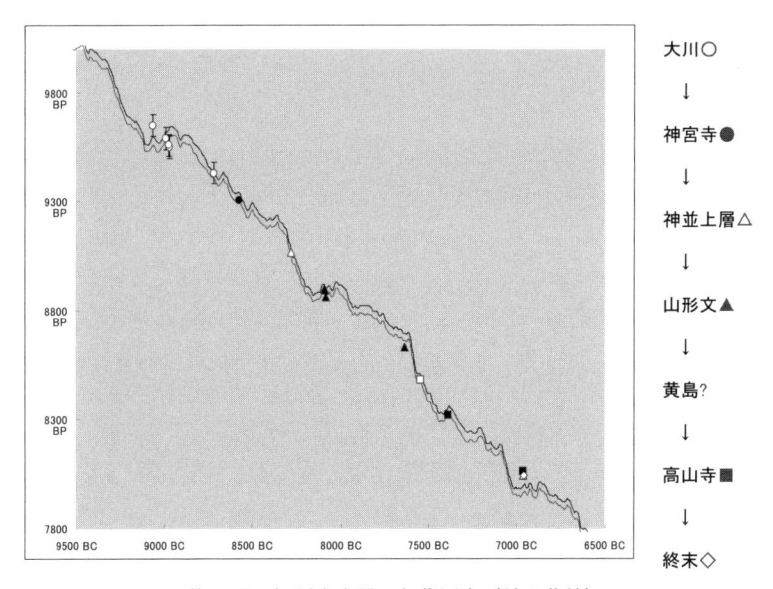

第１図　押型文土器の年代測定（較正曲線）

のほとんどがヤマトシジミの貝塚です。そして約10,000年前にまとまっていることが最近わかっています。

　そもそも黄島貝塚の発掘調査で、ヤマトシジミからハイガイへの変化に関しては、ある程度わかっていました。しかし、ヤマトシジミの貝塚がいつから出現するのかは、不確かでした。今回、年代を中心に土器の他、さまざまな研究を総合的に判断すると、約10,000年前、このエリアには汽水域が広がっていたのではないかと予想されます。少しボーダーを大きくして1,000年単位の話をしますと、その後黄島式といわれる段階では、瀬戸内市の辺りや黄島貝塚、黒島貝塚、小蔦島貝塚などの貝塚は残っているものの、ヤマトシジミの出る貝塚はほとんど存在しません。これはおそらくその段階に、劇的に海がつながったことを示唆するものではないかと考えています。前回の畑山さんの発表によると、ヤマトシジミの採集時期は大体春から夏、大きく夏季にくくられていました。現在、夏をどこで過ごそうかと考えた時に、自分なら海か山に行きたいと思うわけです。当時の人々も、夏、バカンスを過ごしに犬島を訪れていたというのかが個人的な感覚です。こうして10,000年前の人たちがヤマトシジミを採っていましたが、両側から瀬戸内海が出来上がることによって海がつながり、ヤマトシジミも獲れなくなって、そこに行く必要が無くなってこの夏の家々も使われなくなった…。そんなストーリーに、もしかしたらつながるのではないかとイメージしております。

　大雑把にシミュレーションしてみますと、神戸沖の海水面や遺跡データから、当時、徐々に海が変わっていく様が少しずつ読み取れます。縄文時代早期、押型文土器は基本的に東からどんどん展開し、中部地方や近畿地方から最終的に九州にまで到達する土器です。ところが貝塚の流れを見ると、約

	年代	仁尾町周辺	瀬戸大橋周辺	瀬戸内市周辺	神戸沖海水面
8,800BP	約10,000年前	干潟or海?	汽水	汽水	−23m
8,500BP	約9,500年前	干潟or海	汽水?	干潟	
8,200BP	約9,000年前	干潟or海	干潟or海	干潟or海	−12m

第2図　瀬戸内海の変遷

10,000年前にヤマトシジミ貝塚が出来上がり、しかし九州方面にはまだ出現せず、この瀬戸内海周辺で貝塚が作られはじめるのと同じ頃に、東側に展開していくのです。また、先刈貝塚等は黄島貝塚よりもさらに新しい高山寺式の段階になり、つまりこちらの瀬戸内海周辺の方が貝塚の担い手としては古いのではないかとされているのです。貝塚を作った人たちがどう発展していくのか注目し、今後さらに追及していきたいと思います。

　たくさん発掘調査をやっているように見えても、面積にしたらわずか10 m^2 です。50cmのトレンチを細長く入れて、実際貝塚を掘るときも、真ん中に近世墓もありますので、貝塚本体としては極めてわずかしか掘っておりません。しかし、そのわずかな中にもこれだけの情報が眠っているのです。そして、貝の塊は非常に硬いです。ですから、洞窟や化石の発掘をしているような調査になります。よく、「土を捨てるだけなら僕にもできますのでぜひ参加させてください」とおっしゃる方がいらっしゃいますが、その土を掘り出すのに硬くて大変な時間がかかるということを、なかなかおわかりいただけません。実際に貝の塊をコンコンとやってみると、本当に化石発掘のようだと感じていただけるはずです。逆にいえば、それほど残りが良いことの証明でもあります。第2次調査では、第2貝塚の掘り下げ作業と並行し、「シジミがどんどん変化し、年代的に推移していく」という先述した流れをこの小さな貝塚の中に読み取れる可能性はきわめて高いため、これらを明らかにしていこうと考えております。

「犬島っぷINUJIMAP」の可能性
― 遺跡を知るための地図作りをめざして ―

五十嵐聡江・古矢勝重

　今、我々は東京で、「犬島っぷINUJIMAP」（第1図）をどのように今後展開させていくかを研究しています。遺跡の場所と時代を説明する資料として、遺跡分布地図というものがよく作られています。これを見て、犬島にどういう性質の遺跡があって、過去にどのように人々が生活していたかをご想像できるでしょうか？この地図だけで情報を正確に読み取れる人は、やはり限ら

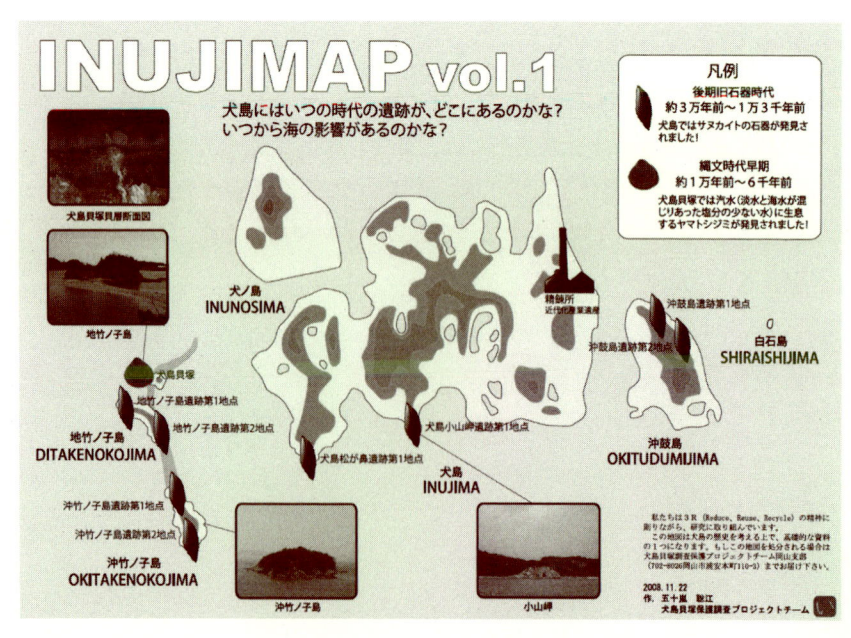

第1図　犬島 INUJIMAP

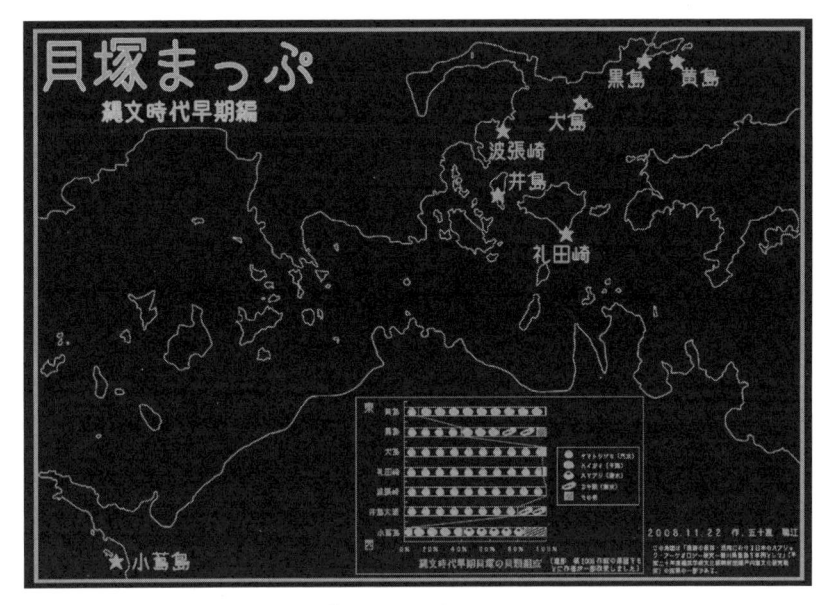

「犬島っぷINUJIMAP」の可能性

第2図　貝塚まっぷ

れた専門家や、本当に考古学が好きな方、長年考古学に親しんできた方ではないでしょうか。ではどのような情報をどのような地図で提供すれば皆様におわかり頂けるのかを考え、その1つの成果として、特に犬島に限ったものが、「犬島っぷINUJIMAP」になります。こちらを作るうえでやはり気にしたのが、グラフィカルな地図を作ることです。

今回は、犬島にどの時代の遺跡があるのかということと、現在主に発掘調査されているのが犬島貝塚ということで、いつから島に海の影響が出てきたのかということに焦点を当てて、マップを作っています。貝塚と呼ばれるものは現時点で犬島貝塚だけということで、一箇所しか出ていませんが、今まで遠部さんたちが発表していただいた内容から考えますと、この貝塚は縄文時代早期、約10,000〜6,000年前のものであろうということが、この地図に凝縮されています。

では、もう少し視野を広くして今度は、瀬戸内海全体の貝塚に焦点を当てたものが、貝塚まっぷ（第2図）です。同じように単純に島がいくつかあっ

て、見つかっている貝塚を星印で示しています。これだけだとどのように海と関連して、どのように海が入ってきたのかはわかりにくいと思います。そこで追加したのが、それぞれの遺跡で見つかった貝の組成です。どういった貝で構成されているのかを、それぞれの島に、アイコンを並べてみました。ヤマトシジミだけに着目していきますと、東から西へ少なかったヤマトシジミの比率が、礼田崎や犬島でピークを迎えます。この傾向を見ても、瀬戸内周辺は海であったのに、中心部はまだ海ではなく汽水、淡水と海水が混じっている領域であろう、ということがこれを見てわかりやすく理解していただけるのではないかと考えています。こうして、まず「犬島っぷINUJIMAP」で犬島に着目し、次に瀬戸内海へと話を展開していく過程で、いろいろとまた見えてくるものが出てきています。次のテーマが見えてくることが、このマップを作った意義になっているのではないかと考えています。現在は、この地図はまだまだ発展途上だと思っています。今は第1版ですが、今後、版を重ねていくことで、皆さんにも犬島のこと、瀬戸内海のことも含めてより理解していただけるのではないかと思っています。また、今は我々が中心となってプロジェクトとして作っていますが、島民の方々、また周辺の地域の方も含めて、皆様と一緒にこの地図をつくっていければ、より遺跡そのものへの親しみや島への親しみというものも増していくのではないかと思い、今後、よりこういったものを発展させていければよいと考えています。

第2回研究会/講演会　総合討論

司会：遠部　　慎

司会：「犬島っぷ INUJIMAP」の製作とあわせて、「犬島発掘」と題したブログを開始いたしました。調査の様子や速報、また、講演会などの活動記録を、日々更新していくつもりです。ぜひ、毎日このブログをご覧頂いて、進捗状況を確認しながら応援していただければ非常に嬉しく思います。研究成果をすぐ反映するには難しいですが、このプロジェクトが始まって1年足らずのうちに、いろいろなことが明らかになってきています。実際、去年のこの段階では「犬島貝塚」という名前すら知られていませんでしたし、今日現在、岡山県の遺跡地図でもまだ貝塚に名前はついていません。徐々に周知させていきたいと思いますので、今後ともご支援、ご協力をお願いいたします。では、何かご質問や今後の調査にむけて、会場のほうからご意見がありましたら承ります。

松本宣崇：発表されていた豊島石(てしまいし)というのは、香川県豊島が産地で、角礫凝灰岩という非常にもろいのが特徴で、桂離宮なんかの燈篭に多く使われています。それからヤマトシジミのお話がありましたが、最近の水産用水基準な

どを見ておりますと、pHにおいては7.5～8.4。きわめて狭いpHの値でしか魚介類は棲息できないそうで、それがどちらに振れても大変だと魚介類は底生生物の棲息の上で問題にされています。そういう点からすると、やはり岡山県内には吉井川、旭川というのがほぼ同じところに現在の河口を持っていますけれども、そのすぐ先が犬島ですよね。ということは、当時の河川の水流がどういったものだったのか、シミュレーションなどに当てはめていけば、ある意味この貝塚の問題が、別の角度から見えてくるのではないかなという風に思いますが、いかがでしょうか。

富岡：まず、pHの件ですが、私が分析したのは土壌pHのほうです。今お話いただいたのは、塩分濃度がある程度汽水域の中で棲息するものだとすると、汽水というのが広めにグラフに出ていたので、それはpHで考えたら比較的狭い、ということですね。ご指摘のとおりです。吉井川水系、旭川水系というのが児島湾のところに注ぎ込んでいて、そこから開口して犬島のほうに流れ込んでいるというのが、現在の水系の話なのです。今日本当は発表する予定であったプロジェクトチームメンバーの岡嶋さんも、その水系関係のことを念頭においてやっています（第1図）。児島湾に水が流れ出て、水系がつながっていたというのがAという地点です。犬島のほうに流れていたと思われるのがEという少し深めの地域があります。あと、もうひとつBというより南下する少し深い部分がありまして、もしかするとこの海底地形から水系が辿れる可能性があるのではないかということを、岡嶋さんが考え、指摘されているのです。瀬戸内海の海の流れというのは非常に強くて、堆積作用も非常にあります。とくにたたら製鉄やそういったものが盛んになった中世、近世にたくさんの土砂が流れ込んだということも考えられておりまして、白砂青松の美しい海岸が成立した時期でもあるのですが、そういった砂嘴が形成されていたり、堆積層が形成されていたりというのが非常に多くあって、長州というものが実は犬島にかけて形成されているんですが、そういった砂州が本来どういう時期に形成されてつながっていたのかというのは実はよくわからないところです。本来は扇状地形のようなものがAのあたりに広がって、フォーク状にたくさんの水系が流れ、その一端が犬島の周辺

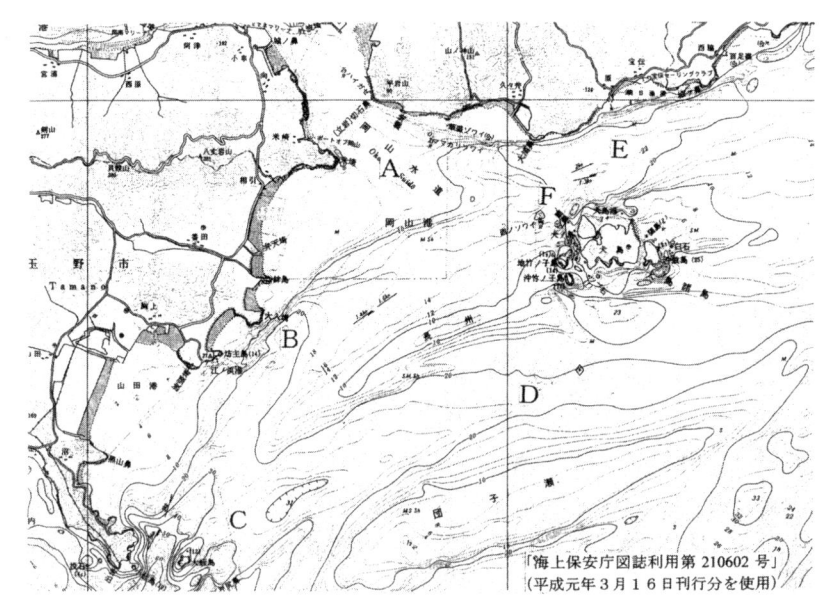

第1図　海底地形図播磨灘北西部

にあって、播磨灘汽水湖という大きな汽水湖があったのではないかという想定がありました。それが河川に直接接続するあたりの比較的狭い範囲、汽水の中でも河川に接続するところと、播磨灘汽水湖が大きく広がっていて接続するあたり、そこらへんでの変化、トランジットがこの遺跡だと追えるのではないかとのご指摘だと思います。我々もそれを非常に意識しておりますので、今後地質学関係の調査と同時並行でやっていきたいと思います。岡山理科大学も地質学、地形学の教員がおりますので、発掘調査、プロジェクトチームに加わってもらって見ていこうと思っております。

松本：ついでに、それだったらヤマトシジミのDNA分析などもできますか。
富岡：先程遠部さんが言われてますように、非常に固い土層であります。DNAを抽出するのはデオキシリボ核酸等、核酸が抽出できなければならず、今の状態だと、たんぱく質や核酸関係の残りが少しよくないのではないかなと思っています。もうほとんど石のような感じで、うちの研究室の畑山君が一杯切ってくれているのですけれども、難しいように思います。しかし、た

んぱく質関係を抽出するというところはトライしている最中です。ご指摘ありがとうございます。

司会：会場の方、何かありますか。

質問：pHの点ですけども、これが塩素系とか硫酸系とか有機酸とか、その辺の分析はしておられませんか。

富岡：pHの測定を出した後にそれをやろうと思っています。1つは分子構造のところから攻めたほうがいいのではないかと思い、X線回折をかける準備をしている最中ですが、今発掘の準備に関わっているので、後回しにしております。あとは元素系のところで蛍光X線分析もやっておいたほうがいいのかなと思っております。短絡的に考えると、何かの影響で、例えば酸性雨とか、そういった犯人探しが必要なのかもしれませんが、まずは土壌改良することによってそれを弱めておくことが必要ではないかと思います。1つは溶け始めているというのは、再結晶しているという可能性がある。実は土壌のあり方が、クローズアップした貝層の画像で見ると、貝層が見えてその上に赤茶けた土が乗っかっているのです。よく目を凝らしてみると、層が黒っぽいのです。これはある程度長い時間露出したりして、溶けたのではないかという指摘があるのです。パティナという鉄分みたいなものがそこのところでくっついているという状態です。これがより進んでいって、上面が溶け始めるのではないかということを、私は危惧しています。もう1つは雨水が、標高12mのここに圧倒的にかかってくると、そのpHの影響がより出やすいということです。水が入ってくるとどんどん溶けてしまって、再結晶が起きて、貝が最終的には何千年かの内には溶けてしまう。だから、何千年前の、元は貝塚だったかもしれないけども、オープンサイト、すなわち開地性遺跡になってしまって貝が出てないというようなものがあるのです。ですから、何千年かの内には溶けてなくなってしまう可能性が特に第2貝塚では多いし、もう想像を絶するようなpHに変化してしまったということが問題です。ですので、犯人探しよりもまずは残すことをやらなければということで考えております。やはり工業地帯ですから、犬島の周辺も、残せるように我々が努力すべきではないか。それがやはり現代人の叡智ではないかと考えておりま

す。ご指摘ありがとうございました。

司会：さまざまなご質問、ご意見ありがとうございました。明日からこのプロジェクトチームは発掘調査に向かいます。今こういった発表をしたようにこれまでの調査をまとめ、そしてこれから次の課題を設定して、発掘調査に向かっていきたいと思います。

　今日この会場で不手際や混雑もございましたが、これから発掘に参加してくれるスタッフが大変苦労して手伝ってくれました。私たちは明日から貝塚の発掘調査に向かい、犬島貝塚を約1週間かけて発掘調査をします。調査が無事に終了し、新たな成果が得られるよう、皆様から励ましの拍手をいただいて、この会を締めたいと思います。そして、この発掘調査中に、現地説明会もあわせて行いたいと思います。もし参加できる方は、3月29日に船舶の関係上、先着30名の予定ですが、ぜひ犬島のほうまでおいでくだされば と思います。また何らかの成果がいち早く出るのではないかなと思います。

　年度末の大変な時期に、こんな多くの方にお集まりいただき、どうもありがとうございました。

【コラム】

島犬コンセプト

西平 孝史

　以前、種牡馬になった「トウショウボーイ号」をつくり、北海道日高にブロンズ像として建立した（西平1998）。優作だとお褒めの言葉をいただいても、サラブレッド馬の形体・あの美しさを彫刻家としては表現し尽せていない悔しさが残った。
　あるとき、眺めていた犬図鑑（ブルーフ・フォーゲル2002）の中で「ファラオ・ハウンド」と言う犬の立ち姿に、サラブレッド馬と共通の品格、風格を直感し、居てもたっても居られずに実物を鑑察し彫刻で創った。
　でも馬の時と同じく"生きているものの発する力"は、表現できても、やはり表現しきれない悔しさが残った。そこで、ひじをつけて座るポーズに変えて「ファラオ・ハウンド」に再挑戦し、創り直して見た。これこそ"スフィンクス"と直感した。
　その後、古代エジプト文明に興味を引かれて調べてみると、古代エジプトでは「王の犬」であったことや今でもマルタ島やシチリア島に居ることを知り、知ることの楽しさを味わった。
　結局、この犬については不本意のまま、幕を閉じる結果になったものの、それから、数年後に「ヒューマニティピンクドッグ」（人面犬）を創ったところ、「おもしろい！」「気持ち悪い」「キモカワ」「かわいい」などいろいろな声をいただいた。人面犬を見てこれこそ「スフィンクス」といった人がいた。
　21世紀に人面犬を創作したと自負していた自分だったが、5,000年も前にすでに壮大な創造物を創り上げた文化を持つ人々が居たことに脱帽であり拍手喝采である。

島犬コンセプト

　もっとも「ヒューマニティピンクドッグ」制作の直前にドイツのシェパード犬は家族を守る役割を担っている自覚を持っている犬だとの話から「ファミリーガードドッグ」と称した命を守る「ガード・ドッグ」を創った。

　これらの一対の犬のオブジェを創ることでわかったのは「まっとうに生きようとする命」を形で表現し続ける作家であるとともに、このことが私なりの造形文化の発信源だと教えられた。

　犬島にもシマ犬と言う古来種がいたのだという寓話を思いつつ、研究会・講演会に参考出品した。

写真1　ヒューマニティ・ピンクドッグ

写真2　カード・ドッグ

【コラム】

翁　丸

小野　伸

　犬島貝塚調査保護プロジェクトチームのオリジナルグッズ、タオルや名刺などに使われている犬のイラストを皆さんすでに目にされたと思います。犬島貝塚調査保護プロジェクトチームのマスコットキャラクターとして愛されている翁丸(おきなまる)です。犬島には犬に関する伝説が2、3あり、それをもとにデザインしました。

　在本桂子さんの清少納言の枕草子の童話にあるお話から、ヒントを得ています。発案は私、小野　伸で、デザインは知人である本庄　誠氏の知りあいの名刺会社にお願いしました。

　もともとは黄色の犬として、デザインされていましたが、タオルの翁丸は犬島の青い空に映える白い犬になっています。

翁 丸

【コラム】

縄文文化起源論と洞穴遺跡、そして型式学をめぐって

及 川 穣

　貝塚や洞穴・岩陰遺跡における土器や石器の層位的な出土事例は、先史時代の編年的研究に大きく寄与してきた。ここでは、犬島貝塚と関係する旧石器時代終末期から縄文時代初頭期に焦点をあてて、いくつかの問題を挙げてみたい。

　当該時期の洞穴・岩陰遺跡についての成果で、とりわけ重要な役割を果たしてきたのは長崎県福井洞穴と泉福寺洞穴の成果である。ここに特に着目するのは、近年、九州から四国、瀬戸内海周辺地域における編年的研究について、新たな課題が指摘されている状況にあり（遠部ほか2007、遠部2008、品川・及川2008a・bなど）、編年的研究の基準になっている上記の遺跡は現在でもきわめて重要な意味を持つと考えるからである。

　群馬県岩宿遺跡の発掘（杉原1956）以後、上記の洞穴・岩陰遺跡の発掘調査や縄文文化の起源をめぐる研究を牽引したのは、芹沢長介氏である。指準石器による全国的な編年案を提示した芹沢氏は（1954a）、その後、長野県矢出川遺跡で細石器を発見した（芹沢1954b）。そして、夏島貝塚の放射性炭素年代値を念頭におき（杉原1959、芹沢1959a）（第1図）、その歴史観を披露していく。すなわち、縄文土器の出現が世界史的にみても最古級であることから、西アジアで発生した新石器文化にその起源と系統を求めるのではなく、日本を含めた東アジアの細石器文化に求めたのである（芹沢1960）（第2図）。

　これを傍証するように、ついに長崎県福井洞穴の第2層、第3層において、隆帯文土器、細隆線文土器、爪形文土器と細石器との"共伴"関係が捉えられ（鎌木・芹沢1965）、列島内縄文文化北上説が打ち出されることになる（岡

II 第2回 研究会・講演会

第1図 神奈川県夏島貝塚の年代測定値を報じた記事
（朝日新聞・1959年（昭和34）4月16日朝刊12版 p10 を一部改変）

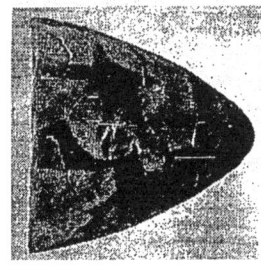

縄文文化起源論と洞穴遺跡、そして型式学をめぐって

第2図 日本の先史時代を世界史の中に位置づける芹沢氏の見解
（朝日新聞・1965年（昭和40）7月21日夕刊 p5 を一部改変）

本 2002)。ここには、新潟県本ノ木遺跡での尖頭器と押圧縄文土器との"共伴"問題に端を発した、いわゆる「本ノ木論争」が議論の前提としてあったことを読み取れる（橋本 1988）。しかし、それだけでなく、福井洞穴の発掘と夏島貝塚の年代値が出される前夜、目まぐるしい発見と発掘が学会を駆け巡っていたことを忘れてはならないだろう。例えば、日本考古学協会第23回総会（1959年5月於・明治大学）における研究報告においても「無土器時代文化の諸問題」と題した討論会がおこなわれており、無土器文化の終末から縄文文化の起源にかかわる問題として、細石器文化と縄文文化、そして神子柴遺跡の石器群（大形尖頭器と局部磨製石斧、石刃）との三者の関係が特に注目されている（芹沢 1959b）。

　細石器では、西北九州の唐津、中・四国の井島、東北の荒屋などの遺跡が次々と発見、調査された状況にあった（芹沢 1958、吉崎 1958、鎌木 1959）。他に、立川遺跡（立川ポイント（有舌尖頭器））や諏訪湖底曽根（曽根型長脚鏃類と爪形文土器）をはじめ、椴ノ湖（爪形文土器と表裏縄文土器）、西鹿田遺跡・卯ノ木遺跡（爪形文・押圧縄文）、大川遺跡（大川式土器）など、「無土器時代終末」の「Point を伴うもの」（芹沢 1954a）から縄文文化早期の撚糸文土器、押型文土器までのミッシングリンクが埋められていく最中にあったことがうかがわれる（芹沢 1957、大井 1960、寺村 1960、真壁 1960）。

　このような情勢の中、当時、芹沢氏と鎌木氏は九州の細石器に着目し、1964（昭和39）年4月に検討のための小旅行に出かけ、長崎県の資料に特に注目した（鎌木前掲）。芹沢氏は、西北九州の細石器の形態が複雑であること、北日本の札滑や荒屋のものとは異なることから、日本の細石器文化にも地方差が激しいことを指摘している（芹沢 1960）。また、九州独自のものとして「トラピーズ様の幾何学形細石器」に着目し、大陸の「中石器時代前半」との関連を指摘している。つまりこの時点で、すでに西北九州地域を、無土器文化の技術的伝統（細石器）が縄文文化の最古の段階に残存する具体的な地域として想定していたことがわかる（第3図）。こうして、福井洞穴の発掘とその成果によって、岩宿以後の最初の編年（芹沢 1954a）で「予察」された縄文文化の起源をめぐる研究は大きく動いていくこととなる。八幡一郎氏を委

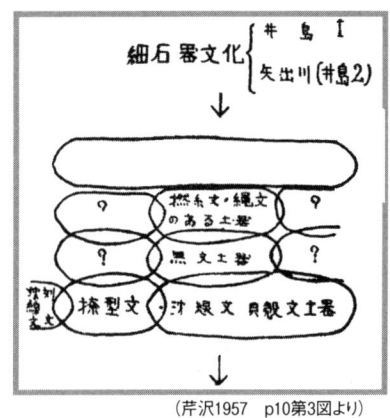

縄文文化の起源・無土器文化の終末の問題

「在来の無土器文化の伝統がのこされた地域があるとすれば、それはどこでありまたどの土器型式群においてであつたかということも重要である。私はいま、石器の製作手法およびその形態や分布地域から推定して、中部地方から東九州までの撚型文土器文化がその有力候補ではないかと考えている」(芹沢1956)

「この方法は、ヨーロッパやアフリカでは、旧石器時代の終わり頃からはじめられ、中石器時代の前年に盛行したものである。したがって日本の無土器時代の終わりにこの組み合わせ器具があらわれるということは、非常に大きな意味をもっている。矢出川にみられるような細石器文化が、のちに土器や磨製石器などの新しい諸要素をとりいれるとか、あるいは案出したという場合には、縄文文化の最古の段階においては当然に細石器の技法が傳統的に残存していてよい筈である。事実、ヨーロッパその他などでは、新石器時代あるいはそれ以後になっても、細石器の伝統は消滅しないで久しい間のこっていた」(芹沢1957)

(芹沢1957 p10第3図より)

第3図 「無土器文化の終末模式図」と長崎県福井洞穴への布石

員長として、日本考古学協会洞穴遺跡調査特別委員会による各地の洞穴遺跡が調査され、編年的研究が進展していく(第4図)。

そして、芹沢氏の史観や夏島貝塚の年代測定値、福井洞穴の成果に反対の議論を投げかけたのが、佐藤達夫氏である(佐藤1971a・b)。佐藤氏は福井洞穴の成果の問題点を次のように指摘している。それは①細石器の型式学的検討であり、福井第4層と第2・3層が同一系統の連続に属するかどうか、②第2・3層の細石器と土器が同時共存かどうか、という2点である。①については、第4層の半円錐形細石器を関東・中部地方のそれと対比し、第2・3層の船底形細石器を蒙古の細石器の特徴と比較し、両者を別系統の細石器と捉えつつ、無土器文化における「普通一連の細石器文化の系列中に位置づけられる」とした。②については、上記の検討から土器の"共伴"を否定し、また附記の欄でも、「福井岩陰第2、第3層の細石器と土器が共存であるか否かは、縄紋式土器の起源に係わる重要な問題である。その解決には細石器と土器それぞれの側から型式学的検討を加えなければなるまい」と続け、両者を"混在"とみなした(佐藤1971a)。

ここでの佐藤氏の論拠は細石器の型式学的検討であった。

これにつづき、新潟県小瀬ヶ沢洞窟出土資料を基準に土器の型式学的検討

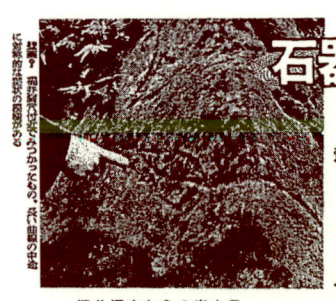

II　第2回　研究会・講演会

第4図　福井洞穴の調査成果を報じる記事

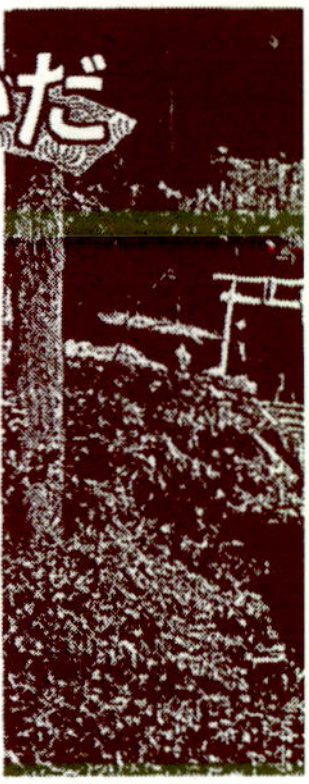

①（朝日新聞・1963年（昭和38）3月16日夕刊 p5 を一部改変）

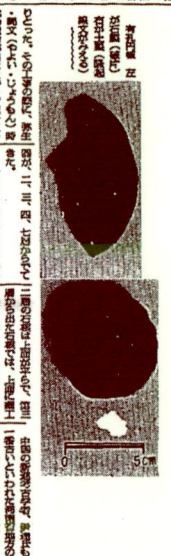

②（朝日新聞・1961年（昭和36）1月26日朝刊12版 p6 を一部改変）

を実施し、最古の縄紋式土器に「窩紋土器」を位置づけ、「窩紋土器」→「箆紋土器」→「爪形紋土器」→「隆起線紋土器」という暫定的編年案を提示した（佐藤1971b）。そして、「問題は土器の編年的位置づけを石器に求めたことにあろう」と、福井第3層の隆帯文土器、細隆線文土器と細石器、第2層の爪形文土器と細石器という層位的序列を否定した。

　佐藤氏の立脚する編年的視点にも問題が無いわけではない。型式学的検討の基軸になっている資料は新潟県小瀬が沢洞窟出土資料であるが、当時、本洞窟の資料をその分析の中心に置くことはやはり問題があったと言えよう。多種多様な土器型式や石器形態とその出土量が示しているとおり、果たして編年的検討（時間差として）の有意な単位として位置づけられるのかどうか。洞窟に訪れる集団の単位（文様要素や器形などの内容）や、その機会の頻繁さがどれくらいだったのか、これについて同じ水系に位置する室谷洞窟の土器や石器群と比較すればその差は瞭然であると考える。また、「窩紋土器」や「箆紋土器」の特異性から、ここに縄文土器の起源を求め、その比較資料を直ちに沿海州南部や咸鏡北道という大陸の類似資料に求めたことなども問題点として挙げられよう。

　ここでの型式学的検討における問題点は、近年の当該期の編年的研究にみられる"引き算"による土器群の検討（萩谷2003、村上2004など）とも共通する問題である。洞穴遺跡を含め、様々な来歴をたどる各々の遺跡や地点の層位的出土例が型式学的分析に有意な時間差を示しているのか、あるいは遺跡、地点、集中部という資料群としての単位が"引き算"に際して有効かどうか、といった問題である。

　どのレベルや内容での"共伴"なのかを考慮するとともに、遺跡群、遺跡、地点、層位、資料群の分布の形成過程についての検討が仲介しない限り（安蒜ほか2005、及川2008b、例えば野口・林2006を参照）、ここで議論している"共伴"としての有意な単位の抽出は困難である。よってそれを残した具体的な人間集団やその関係（系統など）はおろか、「文化論」も語ることは難しく、ここに編年的研究の最大の問題が存在すると考える。しかし、このような問題を検討できれば、佐藤氏が目標としたように、「考古学的諸現象の因

果関係を精密に判定するには、遺物の型式学に拠らざるをえまい。縄紋式土器の型式学的細分は年代的尺度を作り上げると同時に、一面においては並存する諸型式間の関係を指示することとなり、直接当時の社会的諸関係の復原に寄与することとなる」。

　ここでは、現在の当該期土器研究にも通じる佐藤氏の方法論的課題を評価しておく必要がある（岡本2002、鈴木2004、及川2008）。

　さて、ここで福井洞窟の1次調査資料にあらためて着目しよう（第5図）。著者は佐藤氏や岡本氏の指摘するように、石器、すなわち石鏃の型式学的分析からも、福井洞穴や泉福寺洞穴にかかわる問題にアプローチすべきであると考える。それは、近年南九州を中心に九州各地で細石器と土器、さらに石鏃が"共伴"する事例が多く報告され、これを基にした編年的研究や石器の利用石材に着目した行動論的研究が提示されているからである（松本2003、杉原2007、芝2008など）。

　結論から述べれば、福井洞窟の第1層出土の石鏃形態は、本州にその系統関係をたどれる。すなわち、出現期石鏃における「先端突出形態・三角鏃」ホライゾン上に乗り（及川2003・2009）、土器型式で言えば、押型文土器ではなく、隆起線文系土器群や爪形文系土器群、条痕文を有する土器群（二日市I式・寿能下層式）にともなう石鏃形態であると考える。つまり、①福井洞穴には当該時期（土器型式）に特徴的な石鏃の存在が想定でき、②本州においてはこれら石鏃に細石器は"共伴"していないこと、の2点を指摘しておきたい。

　九州の文化的位置づけについて、「縄紋時代草創期に至っても伝統的な細石器文化を保持し続けたのか、その理由と要因を解明してほしい」（岡本前掲）との泉福寺洞穴の調査成果を踏まえた問題提起は、単に洞穴遺跡の層位的出土例を取り上げた編年的研究（旧石器的段階編年と同程度の分解能）の問題を越えて、狩猟道具としての両者の捉え方の提示、さらには縄文文化の起源をめぐる学説の提示、または石器群や「文化」の設定を含めた論争の展開へとつながるべきである。そしてその前提として、それぞれの型式学的検討をもって、"共伴"関係を論じる必要があると考える。

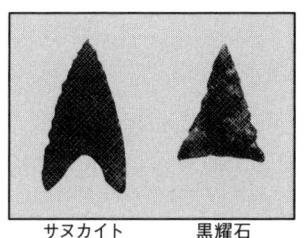

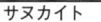

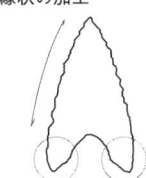

縄文文化起源論と洞穴遺跡、そして型式学をめぐって

長崎県福井洞穴第1層出土石鏃
（写真は、鎌木・芹沢1965の巻頭写真第二図版より引用。模式図は写真より外形線をトレースして作成。石材の判定も報告書より）

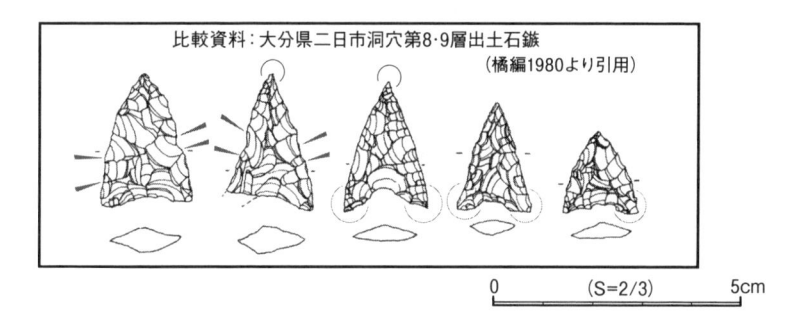

　出現期石鏃「先端突出形態・三角鏃」ホライゾン（及川2009）として、「福井洞穴—二日市洞穴第8・9層—桐山和田—椛ノ湖Ⅰ—葛原沢Ⅳ—ハケ上・もみじ山・深見諏訪山—諏訪湖底曽根—野尻湖仲町—小瀬ヶ沢洞窟—日向洞窟西地区」という系統関係を設定する。今後は、この「ホライゾン」が形成される過程を石器群研究による地域・行動モデルとして考察することが必要と考える。

第5図　福井洞穴第1層出土の石鏃と比較資料

III　展望：講演会をおえて

第1次調査研究の成果

遠 部　　慎

　崩落の進む崖面以外は、第1貝塚、第2貝塚ともに「白色土」の下に、きわめて良好な形で貝塚が包蔵されていた。また第1貝塚と第2貝塚の奥行きがそれぞれ東西8m×南北5m以上、東西10m×南北5m以上の大きさであった。

　犬島貝塚は当該時期における瀬戸内海の貝塚としては、かなり大きな部類に属し（第1表）、その貝層は厚い。特に、第1貝層の保存状態はきわめてよい。

　これまでに、棒状の工具を彫刻し、それを土器の表面に回転させて文様を施す押型文土器と無文土器がかなり発見されている。押型文の多くは山形文である。特筆すべき資料に、無文の焼成前穿孔土器がある。これは九州および四国地方で見つかっていたが、山陽地方でははじめての出土となる。押型文土器が、時間をかけて東から西へと展開する（第1図）という、当該期

第1表　瀬戸内海縄文時代早期貝塚の規模

遺跡名	規模	貝層の厚み
黄島	6m×20mと3×3m	25cm程度
黒島	3×3m程度	10cm程度
犬島（第1）	9m	40cm程度
犬島（第2）	11m	30cm程度
井島大浦	50cm以内	50cm以内
波張崎	50cm以内	50cm以内
礼田崎	2×2m程度	20cm程度
小蔦島	5×20m以内	10cmと10-50cm

153

III　展望：講演会をおえて

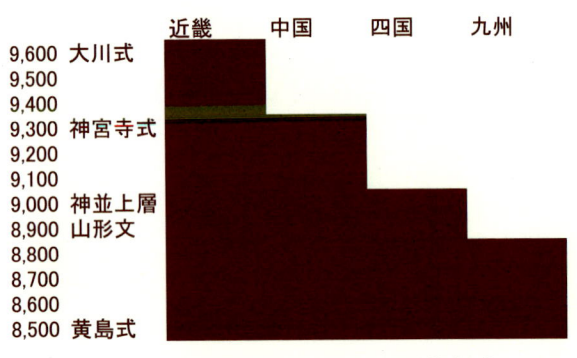

	近畿	中国	四国	九州
9,600　大川式				
9,500				
9,400				
9,300　神宮寺式				
9,200				
9,100				
9,000　神並上層				
8,900　山形文				
8,800				
8,700				
8,600				
8,500　黄島式				

第1図　各地の押型文土器の出現時期（BP）

の土器の流れの中で西（九州地方）から東への流れを示しており、きわめて興味深い現象である。現状で近畿地方などでは発見されておらず、犬島貝塚の資料が東限となる。

　第2貝塚では、プライマリーな状況で検出できていないが、貝層から黄島式や楕円文を伴わずに山形文を主体とする資料を検出できた。少なくとも山形文土器と無文土器を主体とする土器群と黄島式は時間差を有する可能性が高いと言える。

　貝層に伴っていないものの E5E6 区から出土した 17・57（松本報告）は口唇部の刻みの形状から「山芦屋2期」に比定される。これらは、豊島・礼田崎貝塚ではみられない資料であり（第2図）、本貝塚の上限を考えるうえで、きわめて重要な研究課題となる。

　ここでは、柵状文を指標として、黄島式を定義するため、刻みを行う段階をその範囲から外す立場をとる。しかしながら、口縁部を欠く資料はその判断が困難である。今のところ、刻みを施す資料と柵状文を施す資料が明確な層位的上下関係をもって出土している例が中四国地方において存在しないため、その細分が型式学的検討に拠らざるをえない。

　しかしながら、第2貝塚では黄島式に先行する山形文土器と無文土器の共伴関係がほぼ認められ、第1貝塚を中心に出土した黄島式との時間的差異を明らかにした。既存の報告資料や今回の崩落資料が示すように第1貝塚は両

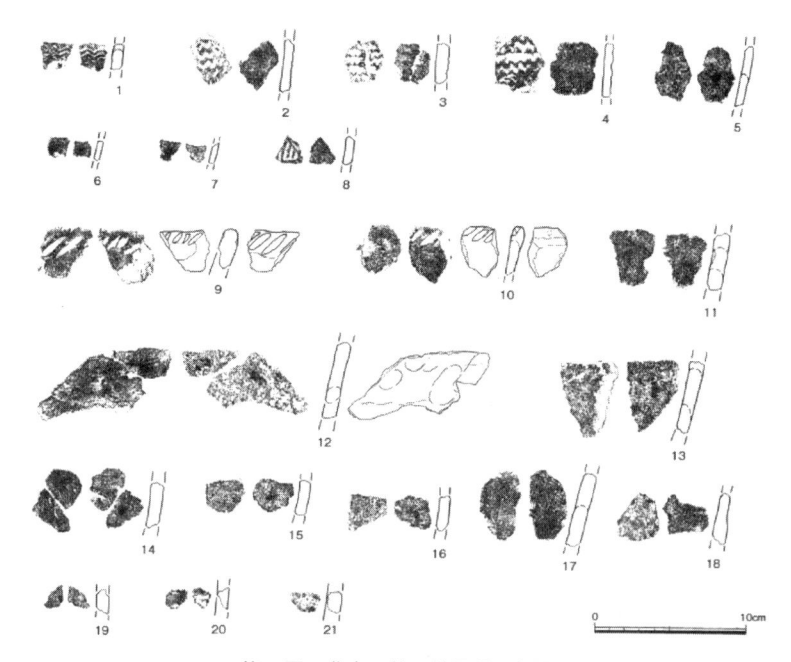

第2図　豊島：礼田崎貝塚の土器

者を包含しており、堆積も厚く、上下層に分かれていることから上記問題を解決する重要な知見を与える可能性がきわめて高い。このため、今後の調査に期待できる点はきわめて大きい。

犬島貝塚の炭素14年代測定値

　これまで、第1貝塚で2点測定を行い、測定結果は8,670 ± 40 BP（−10.7 ± 1.0‰）と8,570 ± 40 BP（−9.3 ± 1.0‰）であった（遠部2008b）。第2貝塚で得られた試料を測定した結果、8,780 ± 45 BP（−12.2 ± 1.2‰）という測定値が得られた。これは測定値（BP）でみると、これまで第2貝塚で得られている測定値よりも古く、豊島：礼田崎貝塚（8,850 ± 23 BP（n=3））（遠部ほか2007）に近いことがわかる。

　今後、炭素14年代測定を重ねていく必要があるが、大まかに各貝塚のヤマトシジミの測定値を比べると、礼田崎貝塚の土庄町教育委員会保管資料

155

III 展望：講演会をおえて

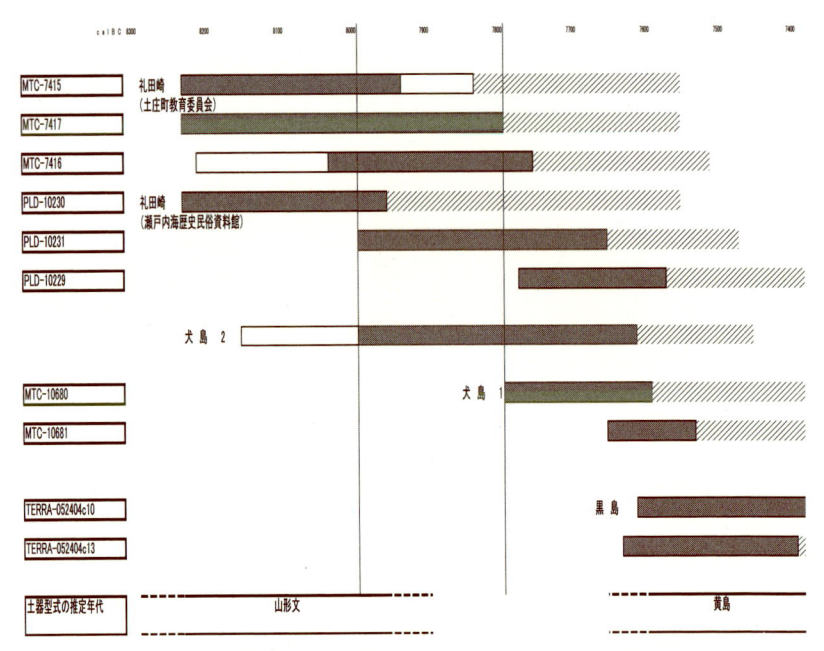

第3図　瀬戸内海におけるヤマトシジミ貝塚群の年代測定例（実年代）
（■は可能性が高く、□はやや低い、斜線はMarincalで計算した場合の較正値）

(8,850 ± 27 BP：n=3) →犬島第2貝塚 (8,780 ± 45 BP：n=1) →犬島第1貝塚 (8,620 ± 71 BP：n=2) →黒島貝塚 (8,490 ± 52 BP：n=2) という推移が認められることは（遠部 2008c）、当該時期の研究を行う上でもきわめて重要と考えておきたい。また犬島第2貝塚が瀬戸内海歴史民俗資料館資料の礼田崎貝塚 (8,775 ± 17 BP：n=3) と近い測定値を示したことは、本貝塚の年代値が礼田崎貝塚の一部とほぼ同じ段階であることを示している。

自然遺物

　現在の瀬戸内海は平均水深約40mと浅く、更新世には陸化していたとされる。この瀬戸内海が成立したのは完新世になってからである。更新世の段階で既に大河川であった旭川・吉井川水系は東流して和歌山・徳島側で太平洋に注ぎ、高梁川水系は西流していた。

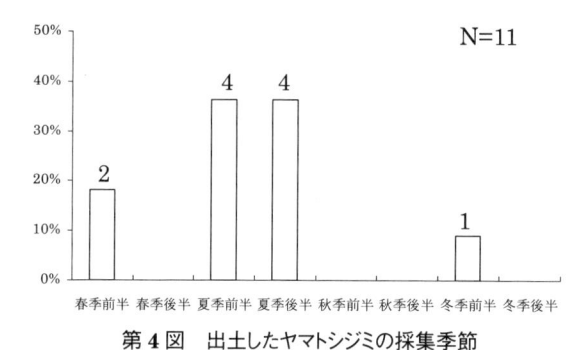

第1次調査研究の成果

第4図　出土したヤマトシジミの採集季節

　縄文早期押型文期には、これらの二大水系の河口〜内湾奥部にあたる備讃瀬戸地域にヤマトシジミを主体とする貝塚が形成されることから、完新世初頭において海洋水の循環が停滞的な汽水域を生じていたことが推定される。

　出土動物遺存体から推定すると、当初はヤマトシジミの生息域が拡大したが、海水準の上昇とともに徐々に泥質の堆積物の増加と塩分濃度の上昇が生じた可能性が高い。そのため泥底の汽水〜塩水域に生息できるハイガイやマガキが増加したと考えられる。ただし、ヤマトシジミとハイガイ、マガキの生息域は当時も近接していたと考えられ、貝塚群などでの下層から上層への貝種包含率の変化は、明確な置換ではなく、比率の変化として捉えておくにとどめたい。この部分については、第2次調査においても、ヤマトシジミの貝層が上層にむかうに連れ、陸産貝類が減少する傾向からも伺うことが出来る。またヤマトシジミの採取時期がほぼ春から夏にかけてという興味深いデータが示されたことも重要である。

　第1次調査は、1週間足らずの小規模な発掘であったが、下記のような調査所見が得られた。

① 　崩落の進む崖面以外は、第1貝塚、第2貝塚ともに「白色土」の下に、きわめて良好な形で貝塚が包蔵されていた。第1貝塚と第2貝塚の奥行きがそれぞれ東西8ｍ×南北5ｍ以上、東西10ｍ×南北5ｍ以上の大きさであった。これまで瀬戸内海で知られている早期貝塚の中でも屈指の規模である。また、その貝種は、ほぼヤマトシジミがその95％を占め、シジ

157

III 展望：講演会をおえて

ミ・イシガイ・ハマグリ・アサリなども確認された。また、魚類や動物骨は今のところ確認されていない。

② 第1貝塚の発掘調査で得られた遺物は土器型式でいう黄島式に該当する押型文土器をほとんど含まない。これまで主として検討してきた第1貝塚よりも、今年度、重点的に発掘調査を行った第2貝塚の方が古い可能性がきわめて高いことがわかった。その根拠は、第1貝塚でみられた黄島式土器が、第2貝塚ではまったくみられず、山形文土器を中心とした「山芦屋期」と仮称される段階の資料が多く確認されたことからである。

炭素14年代測定値などを加味すると、第1貝塚と第2貝塚は時間的な差違が存在する可能性が極めて高い。これは本貝塚が、徐々に鹹水化が進行する11,000 BP以降の瀬戸内海で（増田ほか2000）、汽水域における人類の生業活動を検討する上で、きわめて重要な段階の遺跡であることを示している。

③ 保存状態については、土壌pHの数値が第1貝塚と比較して、第2貝塚の方が著しく低く、貝塚中のカルシウム分が溶脱しやすい状況であった。これの対策として、土壌改良などがあげられるが、さらなる検討を重ねていく必要がある。

また、これまで豊島：礼田崎貝塚が瀬戸内海最古の貝塚として位置づけられていたが（遠部ほか2007）、それに近いと考えられる遺物、および年代値が確認されたことは、本遺跡が瀬戸内海最古級、日本列島において古い年代の貝塚であることを示している。こうした遺跡が群として存在する瀬戸内海の貝塚群は、日本における先史時代の貝類利用を考える上で大きな情報をもたらすことになるだろう。

犬島貝塚は、これまで瀬戸内海において、調査、報告されてきた縄文時代早期貝塚遺跡群の中でも屈指の内容を誇り、さらにそれが極めて良好な、いわば手つかずの状態で現在まで残されていた。瀬戸内海において、このような遺跡を学術調査できる機会は少なく、可能な限り本遺跡から様々な情報を引き出せるよう努めていきたい。

回顧と展望

遠 部　　慎

　2回にわたる研究会・講演会の主催者として、それらの経緯について簡単にまとめ、今後の展望にかえておきたい。そもそも、本研究は豊島：礼田崎貝塚に関連する一連の研究を大きな基点としている。礼田崎貝塚についてのアウトラインは別稿を参照されたいが（遠部ほか 2007、遠部 2008c）、犬島貝塚にぼんやりと焦点を当てていた段階ではまだどうコンタクトを取り、進めていけばよいのかよくわかっていなかった。しかし、研究を1年間進める中で、ある程度の輪郭は見えてきたのではないかと思う。そこで本書は、どのように位置づけられるのか、記しておきたい。

　犬島貝塚にまつわる調査・研究を実施するにあたり、いくつかのコンタクトが必要だった。まず、第1発見者とのコンタクト。そして、地元住民、さらに地権者。それぞれ難航する中で、バラバラないくつかの重要な破片（ピース）が見えてきた。

　私が犬島貝塚を知ったのは 2006 年。その手がかりを得たのは、2007 年 10 月に岡嶋隆司氏と扇崎由氏との対話の中からであった。偶然ともいえる出会いの中で、11 月には小野伸・勢さんのお宅にお邪魔し、資料調査をさせていただき、12 月には貝塚に約 10 人のメンバーと訪れた。この段階まで、私たちは「地竹ノ子島貝塚」と呼称していた。

　メンバーと現地を訪れ、はじめて貝層を見上げたときの感動は今でも忘れることが出来ない。このような遺跡がまだ瀬戸内海に残っているとは、夢想だにしていなかった。崖によじ登り、貝層をあらためてみると、その迫力にはただただ驚かされた。間違いない、本物だ、そう確信を得た。では名前をどうしようか。この貝塚は犬島、否、瀬戸内海の島を代表する貝塚になるに

Ⅲ　展望：講演会をおえて

　違いないと思い、正式に「犬島貝塚」でいこうと、第1発見者に同意を求めた。小野さんは、貝塚を指しながら「この貝塚を犬島貝塚と命名する」と宣言された。こうしたエピソードについてまた後日、まとめることが出来たら嬉しいと思う。
　こんなロケーションのいい場所で発掘できたら楽しいだろう、と誰もが思っていたが、いくつかの壁があった。研究費を申請、準備したがうまくいかず、途方にくれていた。年末にまたみんなで、犬島へ渡航する計画をたてていたが、海がしけて、さらに気持ちは沈んでいた。その時に、在本さんより、福武教育文化振興財団への打診というアドバイスをいただき、全体の意思がまとまった。
　助成の内諾を受けたのは、3月だった。プレスへの発表も決まり、顧問の先生方に文章を添削してもらうと、赤字だらけ。まったく何もまとまらない中での、岡山県庁での記者会見だった。発見者の小野さんとともに、これまで経緯を報告し、プロジェクトチームを立ち上げるといったものであった。この段階で、犬島貝塚が岡山県最古で、西日本最古級の遺跡になる可能性が高いことも報じられた。この時から、新聞社の方々とのお付き合いがはじまったが、いつも何がトピックなのか右往左往する私によい指針を与えてくれている。新聞社の方々に「成果はどう公表するのですか」、と質問されなかったら、第1回研究会・講演会はなかったと思う。そして、プレス発表の段階で、年代測定が実施されていなかったことも、いい方向に働いた。
　その後、5回にわたる犬島貝塚の巡検を経て、発掘調査にこぎ着いた。巡検等の中で、露出している貝層は2箇所以上あること、崩落がさらに進みつつあることが判明し、調査の計画を進めた。もし、発掘調査に踏み切っていなかったら、ここまで注目を浴びることもなかったであろう。
　巡検の中で、楠原透、田代尚利氏らにプロジェクトチームに参加していただき、船舶という大きな問題が解決し始めた。実は、犬島に近い宝伝港周辺に適当な渡船（地竹ノ子島に行ってくれる）はなく、それまでの瀬戸内市方面の渡し船で、犬島貝塚に行っていたからだ。
　この2回目の研究会・講演会が終了した段階で一旦まとめを行うことにし

たのは、2009年度から新スタートを切るためである。2008年度は試行錯誤が多く、研究会・講演会にも多分にそれが見受けられた。また、発表者の平均年齢も若く、参加者も考古学の研究職以外の方が多い。

　本書の内容も専門的な部分を多く含むものの、研究会・講演会の資料集と比較すると、より平易になっている。本貝塚は研究がはじまって、きわめて短期間に、その研究を進行させてきた。さらに、研究と平行して「犬島時間」との共催や、アイランダーへの参加、豊島「島の学校」での講義で、島と島、さらには、その過程でこれまでにない繋がりを構築するという、従来の瀬戸内海の考古学にはないスタイルである。研究会・講演会もポスター・セッションを通じ、会場との対話をもち、協力のネットワークを構築するために各種団体と提携しながら、場外に異空間を設定する。手作り感も強いが、だんだん洗練されてきている。ポスターや展示が研究者の手によるものだけではないのも、ありがちな考古学の研究会との大きな違いだ。

　瀬戸内海の島々を研究する人は少なくない。その中で、実際に遺構や遺物を実測したり、1度研究したところを再度訪れるケースは皆無に等しい。私たちは、そうした流れにあえて逆行することを提案したい。現地を訪れ、遺跡の現状を認識し、それを後世に伝えるのが、考古学者の使命ではないか。1度訪れたら、それで終わりという考古学に歯止めをかけることはできないだろうか。瀬戸内海は、今「現代アート」というキーワードで1つになろうとしている。そうした流れの中で、官民共にやるべきこともあるだろう。

　今、私は北海道（その前は千葉）にいる。そんな私が中心となって、取り組んでいるこの小さなプロジェクトは、小さな投資と、その取り組み方で、かなりの可能性を示しつつあると思う。遺跡をめぐる持続可能な社会をどうやって構築するのか、「島」という地域でどのように展開すべきなのか、悩む部分は多いが、心ある考古学に関心のある方の参画を歓迎したい。しかし、遺跡は研究者だけのものではない。考古学関係者に頼らない持続が今の瀬戸内海における「島」の考古学の実情だ。島で、就職している人はほとんどおらず、上述したように何度も島を訪れる研究者も少ない。

　では「なぜその島で発掘調査をするのか」、その明確な論点を1回目、2

Ⅲ　展望：講演会をおえて

回目の研究会・講演会とも示している。1回目は、保護対策を立てる上で遺跡に関する確実な手がかりがないことから、2回目は瀬戸内海最古の貝塚の可能性を求めて、である。この種の問題提起を公にしつつ調査・研究にむかうスタイルは少ない。また、第2回目の研究会・講演会の公開討論を行う前に、報道陣や関係者、スタッフに公言したのは、「発掘をしない方がいいのではないか？」という意見の方が大勢を占めたら、調査をストップするということであった。幸い、会場一杯の拍手に見送られることになったが、これまで貫いている調査前にそれまでの成果報告を行うことに関しては異論も多い。ただ、これを行っているから研究なのだと私は考えている。

　時期尚早の声も多い中、あえて一般向けの書籍として本書を刊行することにしたのは、このプロジェクトは保護もさることながら、調査研究に主眼を置いている。それならば、速やかな公開が基本である。しかも、このプロジェクトを支えているのは、研究者以外の方が少なくない。研究会・講演会などの参加者も、考古学関係者は少数であり、縄文時代研究者はその中でも数少ない。そういった状況であるからこそ、一般の人々の目に見える形で成果を示していくことが必要となる。本書は、その1つの形であり、今後、本遺跡にまつわる調査研究の手引き書としていきたい。幸い、2009年度新たに離島センターの助成をいただき、犬島でボランティア・スタッフの募集と講座を開催することが決まった。新たな出会いや、次のドラマが生まれることを楽しみにし、2008年の犬島貝塚をめぐる作業の締めくくりとしたい。

引用・参考文献

安蒜政雄・島田和高・山科 哲・及川 穣 2005「長野県鷹山遺跡群の調査研究と黒耀石考古学」『旧石器考古学』67、pp. 71-84、旧石器文化談話会

秋山浩三 2006a「水南遺跡」『邑久町史』考古編、pp. 239-242、瀬戸内市

秋山浩三 2006b「小山古墳（通山小山墳丘墓）」『邑久町史』考古編、pp. 403-406、瀬戸内市

在本桂子 2001「犬島の歴史」『犬島の石嫁ぎ先発見の旅 犬島ものがたり』pp. 10-12、犬島再発見の会

池田次郎 1979「大橋貝塚出土の人骨について」『岡山県埋蔵文化財報告』9、pp. 110-116、岡山県教育委員会

池田次郎・鎌木義昌 1951「岡山県磯の森貝塚発掘調査報告」『吉備考古』81, 82合併号、pp. 27-36、吉備考古学会

石田寛ほか 1983『岡山県史』1 自然風土、岡山県

石田寛ほか 1988『岡山県の地理』福武書店

泉 拓良 1999「新たな縄文観の創造に向けて」『季刊考古学』第69号、pp. 14-17、雄山閣

井関弘太郎 1977「日本における三角州の変貌」『第四紀研究』第11巻、pp. 117-123、日本第四紀学会

井上兼市 1974『犬島の散歩道』第三編、私家本

今井和彦 1997「沙弥島千人塚遺跡発掘調査」『坂出市内遺跡発掘調査報告書』pp. 8-15、坂出市教育委員会

今村峰雄 2007「炭素14年代較正ソフトRHC3.2について」『国立歴史民俗博物館研究報告』第137集、pp. 79-88、国立歴史民俗博物館

梅原末治 1951「装飾文のある銅剣に就いて―備前瑜伽山と讃岐瓦谷の出土品所見―」『吉備考古』第83号、pp. 1-6、吉備考古學會

大井晴男 1960「一九五九年度の考古学界（1）無土器文化」『貝塚』97、p. 1、土曜會

大久保徹也 2001「古墳時代以前の塩飽諸島」『徳島文理大学文学部共同研究 塩飽諸島』pp. 1-4、徳島文理大学文学部文化財学科

岡嶋隆司・草原孝典 1989「邑久町通山に所在する方形墳について」『古代吉備』第11集、pp. 25-30、古代吉備研究会

163

岡嶋隆司・竹内信三・西田和浩 2003「香川県直島町荒神島遺跡採集の旧石器」『古代吉備』第24集、pp. 51-60、古代吉備研究会

太田陽子・米倉伸之 1987「A. 自然環境の変換 13海岸線」『第四紀研究』解説、pp. 70-72、東京大学出版会

岡田 博 1983『岡山県埋蔵文化財発掘調査報告55 門田貝塚』岡山県文化財保護協会

岡田 博 2006「門田貝塚」『邑久町史』考古編、pp. 80-81、pp. 88-185、瀬戸内市

岡本寛久編 1979『岡山県埋蔵文化財発掘調査報告9 大橋貝塚発掘調査報告』岡山県教育委員会

岡本寛久 2006a「大橋貝塚」『邑久町史』考古編、pp. 32-56、瀬戸内市

岡本寛久 2006b「山田庄宮下貝塚」『邑久町史』考古編、pp. 57-65、瀬戸内市

岡本寛久 2006c「真徳貝塚B」『邑久町史』考古編、pp. 66-67、瀬戸内市

岡本寛久 2006d「円張東貝塚」『邑久町史』考古編、pp. 68-69、瀬戸内市

岡本寛久 1986『乙佐塚古墳』岡山県文化財保護協会

岡本東三 2002「九州島の細石器文化と神子柴文化」『泉福寺洞窟 研究編』、pp. 155-208、泉福寺洞穴研究編刊行会

岡山県教育委員会 2003『岡山県遺跡地図』岡山県

岡山県古代吉備文化財センター 2003『岡山県埋蔵文化財発掘調査報告175 岡山城二の丸跡』岡山県教育委員会

奥村晃史・浅沼しの 2002「海底地形の数値化と視覚化」『瀬戸内海に関する研究』pp. 161-170、(財)福武学術文化振興財団

小野 伸 2008「犬島貝塚発見のいきさつ」『犬島貝塚調査保護プロジェクトチーム第1回研究会・講演会資料集 犬島貝塚の発見―1万年前の瀬戸内海―』pp. 6-9、犬島貝塚調査保護プロジェクトチーム

小野 伸・白石 純 1995「岡山県玉野市出崎採集の旧石器」『旧石器考古学』51、pp. 90-92、旧石器文化談話会

小野 伸・白石 純 2003「香川県直島町寺島・局島・六郎島採集の旧石器」『自然科学研究所研究報告』第29号、pp. 69-72、岡山理科大学

及川 穣 2003「出現期石鏃の型式変遷と地域の展開―中部高地における黒耀石利用の視点から―」『黒耀石文化研究』2、pp. 145-166、明治大学人文科学研究所

及川 穣 2008a「学界動向 縄文時代草創期 土器型式編年論」『縄文時代』19、

pp. 209-214、縄文時代研究会

及川　穣 2008b「黒曜石地下採掘活動の起源に関する諸問題―国指定史跡長野県長和町鷹山遺跡群星糞峠黒曜石採掘址群の研究から―」『石器文化研究』14、pp. 134-138、石器文化研究会

及川　穣 2009「日本列島における出現期石鏃の伝播と系統―東北地方から九州島中部を結ぶホライゾンの策定―」『日本旧石器学会第 7 回講演・研究発表・シンポジウム予稿集　南九州の旧石器時代石器群―南の地域性と文化の交錯―』、p. 32、日本旧石器学会

遠部　慎 2001「黄島貝塚の焼成前穿孔土器」『古代吉備』第 23 集、pp. 6-10、古代吉備研究会

遠部　慎 2003「縄文時代早期の焼成前穿孔土器」『史紋』第 1 号、pp. 129-138、史紋刊行会

遠部　慎 2008a「AMS 炭素 14 年代測定法を用いた豊島の考古学的研究」『第 2 回瀬戸内海文化研究・活動支援助成報告書』pp. 27-31、(財)福武学術文化振興財団

遠部　慎 2008b「犬島貝塚の炭素 14 年代測定」『犬島貝塚調査保護プロジェクトチーム第 1 回研究会・講演会資料集　犬島貝塚の発見―1 万年前の瀬戸内海―』、pp. 17-22、犬島貝塚保護調査プロジェクトチーム

遠部　慎 2008c「瀬戸内海の縄文時代早期貝塚」『季刊考古学』第 105 号、pp. 71-75、雄山閣

遠部　慎・熊谷博志・中島直樹・山内基樹・角縁　進・宮田佳樹・米田　穣・楠原　透・小野　勢・小野　伸 2008「瀬戸内海新発見の縄文時代早期貝塚―犬島貝塚（小野伸コレクション）の報告―」『Laguna』15、pp. 1-8、汽水域研究センター

遠部　慎・宮田佳樹・加藤久雄・米田　穣 2007「瀬戸内海最古の貝塚―豊島礼田崎貝塚の再評価―」『LAGUNA（汽水域研究）』14、pp. 69-76、汽水域研究センター

遠部　慎・宮田佳樹・熊谷博志 2007「近畿地方における押型文土器の炭素 14 年代測定」『古代学研究』179、pp. 37-46、古代学研究会

遠部　慎 2008「学界動向　縄文時代早期　土器型式編年論」『縄文時代』19、pp. 214-216、縄文時代研究会

遠部　慎・山内基樹・加藤久雄・角縁　進・米田　穣 2005「広島県立歴史博物館

資料紹介　岡山県瀬戸内市黒島貝塚」『広島県立歴史博物館研究紀要』第 8 号、pp. 1-15、広島県立歴史博物館
神奈川県立金沢文庫 2000『六浦・金沢～海が育んだ歴史と文化～』神奈川県立金沢文庫
神奈川県立生命の星・地球博物館 2004『企画展ワークテキスト＋2℃の世界』神奈川県立生命の星・地球博物館
金子浩昌 1993「矢部貝塚出土の動物遺体」『山陽道建設に伴う発掘調査 6　4. 矢部奥田遺跡』pp. 457-492、日本道路公団広島建設局岡山工事事務所　岡山県教育委員会
金子浩昌 1999「倉敷市船倉貝塚出土の節足、脊椎動物遺体」『船倉貝塚　倉敷市埋蔵文化財発掘調査報告』pp. 73-102、倉敷埋蔵文化財センター
鎌木義昌 1949「備前黄島貝塚の研究」『吉備考古』第 77 号、pp. 19-42、吉備考古学会
鎌木義昌 1957「香川県井島遺跡─瀬戸内における細石器文化─」『石器時代』第 4 号、pp. 1-11、石器文化研究会
鎌木義昌 1959「細石器問題の進展（その三）（西日本地区）」『貝塚』88、p. 1、土曜會
鎌木義昌・芹沢長介 1965「長崎県福井岩陰─第一次発掘調査の概要─」『考古学集刊』3-1、pp. 1-14、東京考古学会
鎌木義昌 1986a「黄島貝塚」『岡山県史』18、考古資料、pp. 25-27、岡山県
鎌木義昌 1986b「磯の森貝塚」『岡山県史』18、考古資料、pp. 32-33、岡山県
鎌木義昌 1986c「涼松貝塚」『岡山県史』18、考古資料、pp. 68-69、岡山県
鎌倉市教育委員会 2002『神奈川県鎌倉市鎌倉大仏周辺発掘調査報告書』鎌倉市教育委員会.
亀山行雄 1994「長浜・用本遺跡」『岡山県埋蔵文化財報告』24、pp. 84-85、岡山県教育委員会
亀田修一 1997「Ⅱ　古墳時代」『牛窓町史』資料編Ⅱ、pp. 129-288、牛窓町
河瀬正利 1998「瀬戸内海北岸部の縄文低地性遺跡と海水準変化」『列島の考古学』pp. 595-602、渡辺誠先生還暦記念論集刊行会
河瀬正利 2006「吉備考古学ライブラリー14　吉備の縄文貝塚』吉備人出版
河本　清・福田正継・中野雅美・馬場昌一 2004『邑久町埋蔵文化財発掘調査報告

引用・参考文献

1　熊山田遺跡』岡山県邑久町教育委員会

菅野三郎・加藤　直 1954「鎌倉産貝化石について」『東京教育大学地質鉱物学教室研究報告』第3号、pp. 167-172、東京教育大学

紀平　肇・松田征也・内山りゅう 2003『日本産淡水貝類図鑑①琵琶湖・淀産の淡水貝類』ピーシーズ

木村幹夫 1952「岡山県邑久郡黒和遺蹟略報」『吉備考古』第84号、pp. 9-15、吉備考古學會（木村幹生 1980『木村幹夫考古学論集』再録、pp. 63-72、木村婦美）

清野謙次 1969『日本貝塚の研究』岩波書店

熊谷博志 2006「智頭枕田遺跡の編年的位置付け　―黄島式の成立過程について―」『第17回中四国縄文研究会発表要旨集　早期研究の現状と課題―前葉を中心に』pp. 18-50、中四国縄文研究会

熊谷博志 2007「第5章 総括 第3節 田原東地区における縄文時代の検討」『県営圃場整備事業田原東地区における埋蔵文化財発掘調査概要報告書Ⅱ―別所下ノ前・辻堂・大谷口遺跡　水間遺跡―』pp. 232-245、奈良市教育委員会

熊谷博志 2008「樋沢・細久保式土器小考」『泉拓良先生還暦記念論文集　文化財学としての考古学』pp. 51-70、泉拓良先生還暦記念事業会

熊谷博志・小野　伸・遠部　慎 2008「香川県直島町寺島遺跡（第4地点）の資料」『犬島貝塚調査保護プロジェクトチーム第1回研究会・講演会資料集　犬島貝塚の発見―1万年前の瀬戸内会』pp. 45-47、犬島貝塚調査保護プロジェクトチーム

倉敷市史研究会 1996『新修倉敷市史』第1巻、倉敷市

桑代　勲 1959「瀬戸内海の海底地形」『地理学評論』第32巻, pp. 160-168、日本地理学会

建設省河川局海岸課 1993「金沢八景周辺」『海岸の散歩―三浦半島―沿岸域情報マップ』建設省国土地理院地理調査部

小林博昭 1997「黒島貝塚」『牛窓町史』資料編Ⅱ、pp. 109-118、牛窓町

小林博昭・白石　純 1997「旧石器・縄文・弥生時代」『牛窓町史』資料編Ⅱ、pp. 7-128、牛窓町

近藤義郎 1956「牛島津湾をめぐる古墳と古墳群」『私たちの考古学』10、pp. 2-10、考古学研究会

近藤義郎 1986a「黒島貝塚」『岡山県史』考古資料、pp. 28-29、岡山県

近藤義郎 1986b「貝殻山遺跡」『岡山県史』考古資料、pp. 109-101、岡山県

167

近藤義郎編 1999『喜兵衛島』喜兵衛島刊行会

近藤義郎 2006「門田貝塚の調査をふりかえって」『邑久町史』pp. 76-79、瀬戸内市

酒詰仲男 1961『日本縄文石器時代食料総説』土曜會

坂詰秀一 1978『仏教考古学調査法』ニューサイエンス社

佐藤達夫 1971a「無土器文化の石器」『日本歴史』276、pp. 111-123、吉川弘文館

佐藤達夫 1971b「縄紋式土器研究の課題―特に草創期前半の編年について―」『日本歴史』277、日本歴史学会編、pp. 107-123、吉川弘文館

品川欣也・及川 穣 2008a「高知県不動ヶ岩屋洞窟遺跡第二次調査出土資料の再検討」『考古学集刊』第4号、pp. 81-96、明治大学文学部考古学研究室

品川欣也・及川 穣 2008b「高知県不動ヶ岩屋洞窟遺跡第二次調査出土資料の再検討(2)」『犬島貝塚調査保護プロジェクトチーム第1回研究会・講演会資料集「犬島貝塚の発見」―1万年前の瀬戸内海―』pp. 32-44、犬島貝塚調査保護プロジェクトチーム

芝 康次郎 2008「中九州の事例―縄文時代草創期の遺跡と遺物―」『九州旧石器』12、pp. 35-50、九州旧石器文化研究会

白石純・小野 伸・小野 勢 1997「岡山市犬島採集の旧石器」『古代吉備』第19集、pp. 1-12、古代吉備研究会

白石純・小野 伸・坂田 崇 1998「岡山市米崎採集の旧石器」『岡山理科大学自然科学研究所研究報告』第24号、pp. 97-110、岡山理科大学

島田貞彦・清野謙次・梅原末治 1920『京都帝國大學文學部考古學研究報告第5冊 備中國浅口郡大島村津雲貝塚発掘報告』京都帝國大學

杉野文一 1971「香川県豊島西端部の旧石器」『古代吉備』第7集、pp. 3-10、古代吉備研究会

杉野文一 1987「玉野市の有舌尖頭器」『古代吉備』第9集、pp. 23-25、古代吉備研究会

杉原荘介 1956『群馬県岩宿発見の石器文化 明治大学文学部研究報告 考古学第一冊』明治大学文学部

杉原荘介・芹沢長介 1957『神奈川県夏島における縄文文化初頭の貝塚』考古学、第2冊、明治大學文学部考古学教室

杉原荘介 1959「縄文文化初頭夏島貝塚の土器」『科学読売』11、pp. 17-21、読売

新聞社

杉原敏之 2007「九州における石鏃石器群の出現と展開」『九州旧石器』11、pp. 55-64、九州旧石器文化研究会

鈴木茂之 2004「岡山平野における最終氷期最盛期以降の海水準変動」『岡山大学地球科学研究報告』第 11 巻、pp. 33-38、岡山大学理学部地球科学教室

鈴木正博 2004「岩土原への想い―「阿蘇原上式」の制定とその意義―」『九州縄文時代早期研究ノート』2、pp. 11-20、九州縄文時代早期研究会

芹沢長介 1954a「関東及中部地方に於ける無土器文化の終末と縄文文化の発生とに関する予察」『駿台史学』4、pp. 65-106、駿台史学会

芹沢長介 1954b「信濃矢出川遺跡の調査」『日本考古学協会第 14 回総会研究発表要旨』pp. 1-4、日本考古学協会

芹沢長介 1957「日本における無土器文化の起源と終末についての覚書」『私たちの考古学 13 特集無土器時代研究』4-1、pp. 4-13、考古学研究会

芹沢長介 1958「「日本の眼」と「外国の眼」」『貝塚』72、pp. 1-2、土曜會

芹沢長介 1958「細石器問題の進展（その一）」『貝塚』82、p. 1、土曜會

芹沢長介 1959a「日本最古の文化と縄文土器の起源」『科学』第 29 巻第 8 号、pp. 22-26、岩波書店

芹沢長介 1959b「ジョウモン文化の起源　日本考古学協会総会から」『朝日新聞 昭和 34 年 5 月 11 日朝刊』p. 9、朝日新聞社

芹沢長介 1960「細石器問題の進展（その四）」『貝塚』96、pp. 1-2、土曜會

鷹島町教育委員会編 1993『鷹島町文化財調査報告書　第 1 集　鷹島海底遺跡Ⅱ』鷹島町教育委員会

高橋達郎 1983「第 1 部第 1 章　地形環境」『岡山県史』1、pp. 23-93、岡山県

高橋　護 1986a「彦崎貝塚」『岡山県史』18、考古資料、pp. 35-36、岡山県

高橋　護 1986b「羽島貝塚」『岡山県史』18、考古資料、pp. 61-62、岡山県

高橋　護 1986c「里木貝塚」『岡山県史』18、考古資料、pp. 64-66、岡山県

高橋　護 1992「弥生後期の地域性」『吉備の考古学的研究』（上）、pp. 183-205、山陽新聞社

高野伸二 1982『日本の野鳥』日本野鳥の会

田嶋正憲編 2006『彦崎貝塚　範囲確認調査報告書』岡山市教育委員会

橘　昌信編 1980『大分県二日市洞穴発掘調査報告書』玖珠郡九重町教育委員会

樽野博幸・大塚裕之 2000『倉敷市立自然史博物館収蔵資料目録第9号　備讃瀬戸海底産出の脊椎動物化石―山本コレクション調査報告Ⅱ』倉敷市立自然史博物館

千葉大学文学部考古学研究室 2006『千葉県館山市沖ノ島遺跡　第2・3次発掘調査概報』千葉大学文学部考古学研究室

津田　覚 1979『瀬戸内海の自然と環境』瀬戸内海環境保全協会

鶴岡八幡宮境内発掘調査団編 1985『鶴岡八幡宮境内発掘調査報告書（鎌倉市国宝館収蔵庫建設に伴う緊急調査）』鎌倉市教育委員会

寺村光晴 1960「一九五九年度の考古学界（1）縄文文化（東日本）」『貝塚』97、pp. 1-2、土曜會

富岡直人 1998『加計学園埋蔵文化財調査室発掘調査報告書2　朝寝鼻貝塚発掘調査概報』加計学園埋蔵文化財調査室

富岡直人・畑山智史 2008「瀬戸内海海進期における水産動物遺存体からみた古環境の特徴」『日本文化財科学会第25回大会要旨集』pp. 74-75、日本文化財科学会

直良信夫 1999「日本新石器時代貝塚産貝類の研究―カワニナ類・タニシ類・キイロカノコ―」『動物考古学』第12集、pp. 87-113、動物考古学研究会

長岡信治 1993「長崎県鷹島海底遺跡と海水準変動」『鷹島町文化財調査報告書』第1集、pp. 105-110、鷹島町教育委員会

中越利夫 1995「帝釈弘法滝洞窟遺跡（第2～9次）の調査」『広島大学文学部帝釈峡遺跡群発掘調査室年報Ⅹ』pp. 30-60、広島大学文学部帝釈峡遺跡群発掘調査室

中島直樹 2008「犬島貝塚三次元計測」『犬島貝塚調査保護プロジェクトチーム第1回研究会・講演会資料集　犬島貝塚の発見―1万年前の瀬戸内海―』pp. 23-26、犬島貝塚調査保護プロジェクトチーム

中野倫太郎 1992a「銅鐸」『吉備の考古学的研究』（上）、pp. 423-454、山陽新聞社

中野論太郎 1992b「集成3　銅鐸・銅剣・銅戈・銅鉾」『吉備の考古学的研究』（上）、pp. 519-536、山陽新聞社

永野康洋・遠部　慎・志賀智史 1999「別府市における縄文時代早期の様相―北鉄輪遺跡試掘調査概要を中心に―」『おおいた考古』第12集、pp. 21-52、大分県考古学会

中村幹雄編 2000『日本のシジミ漁業　その現状と問題点』たたら書房

西平孝史 1998『ブロンズ MAKING OF TOSHOBOY』吉備人出版
西本俊典 2007『瀬戸内海事典』南々社
日本海洋学会編 1985『日本全国沿岸海洋誌』東洋大学出版
根木 修 1989「波歌山古墳と牛窓半島の古墳」『古代吉備』第11集、pp. 31-54、古代吉備研究会
能美洋介 2003「犬島の花崗岩」『岡山学こと始め』2、pp. 92-94、岡山市デジタルミュージアム
野口 淳・林 和広 2006「明治大学調布付属校用地の遺跡(仮称)における遺跡形成過程の研究―ジオアーケオロジー調査方法の確立に向けて―」『明治大学校地内遺跡調査団年報』3、pp. 37-44、明治大学
乗岡 実 2002「付 資料報告1 犬島採集の押型文土器」『岡山学こと始め』岡山市デジタルミュージアム開設準備室研究レポート創刊号、p.71、岡山市文化政策課デジタルミュージアム開設準備室
萩谷千明 2005「利根川流域の縄文草創期編年をめぐって―爪形文系土器と多縄文系土器との関係について考える―」『地域と文化の考古学Ⅰ』pp. 179-196、明治大学文学部考古学研究室
橋本勝雄 1988「縄文文化起源論」『論争・学説 日本の考古学2 先土器・縄文時代Ⅰ』pp. 101-136、雄山閣
畑山智史 2008「犬島の貝」『犬島貝塚調査保護プロジェクトチーム第1回研究会・講演会資料集 犬島貝塚の発見―1万年前の瀬戸内海―』pp. 13-16、犬島貝塚調査保護プロジェクトチーム
藤 則雄・松島義章・藤井昭二・北里 洋・森 忍 1982「名古屋港とその周辺の完新統の古生物に基づく環境解析」『第四紀研究』第21巻、pp. 153-167、日本第四紀学会
馬場昌一 1998『史跡門田貝塚環境整備事業報告書』岡山県邑久町教育委員会
馬場昌一 2006a「門田貝塚確認調査の概要」『邑久町史』考古編、pp. 82-84、瀬戸内市
馬場昌一 2006b「史跡門田貝塚環境整備の概要」『邑久町史』考古編、pp. 85-87、瀬戸内市
馬場昌一 2006c「堂免遺跡」『邑久町史』考古編、pp. 215-232、瀬戸内市
馬場昌一 2006d「熊山田遺跡」『邑久町史』考古編、pp. 282-283、瀬戸内市

馬場昌一 2006e「助三畑遺跡」『邑久町史』考古編、pp. 284-308、瀬戸内市
林屋辰三郎編 1981『兵庫北関入船納帳』燈心文庫、中央公論美術出版
兵頭 勲 2006「北四国地域における早期土器研究の現状と課題」『第17回中四国縄文研究会発表要旨集 早期研究の現状と課題—前葉を中心に』pp. 1-17、中四国縄文研究会
平井 勝 1980「玉野市波張崎遺跡確認調査報告」『玉野市埋蔵文化財発掘調査報告(1) 常山城・波張崎遺跡』pp. 183-212、玉野市教育委員会
平井 勝 1989「縄文時代」『岡山県の考古学』pp. 50-106、吉川弘文館
平井泰男 1988「熊山田散布地ほか」『岡山県埋蔵文化財発掘調査報告』63、pp. 22-23・pp. 44-46、岡山県教育委員会
平井泰男 1988「熊山田散布地ほか」『岡山県埋蔵文化財発掘調査報告』68、pp. 9-14、pp. 25-27・pp. 45-46、岡山県教育委員会
藤田謙司・間壁葭子・間壁忠彦 1975「羽島貝塚の資料」『倉敷考古館研究集報』11号、pp. 42-66、倉敷考古館
古川博恭 1972「濃尾平野の沖積層—濃尾平野の研究、その1—」『地学論集』第7号、pp. 39-59、日本地質学会
ブルーフ・フォーグル 2002『新犬種大図鑑』福山英也監修、ペットライフ社
保田義治 1997「付. 出崎地区採集の石器 1. 先土器時代の遺物」『古代吉備』第9集、pp. 54-55、古代吉備研究会
前田保夫 1977「大阪湾の自然史—潜函でとらえた海と森の変遷」『科学』第47巻、pp. 514-523、岩波書店
前田保夫 1980「1万年前以降の瀬戸内海東部の海面変化」『海と空』第56号、pp. 145-150
前田保夫・山下勝年・松島義章・渡辺 誠 1983 愛知県先苅貝塚と縄文海進. 第四紀研究、第22巻、pp. 213-222、日本第四紀学会
真壁忠彦 1960「一九五九年度の考古学界(1)縄文文化(西日本)」『貝塚』97 pp. 2-3
間壁忠彦 1961「縄文文化初期の海進 特に瀬戸内地方を中心として」『岡山県地方史研究連絡協議会会報』第3号、pp. 29-32、岡山県地方史研究連絡協議会
間壁忠彦 1970「第一編原始」『玉野市史』pp. 10-24、玉野市役所
間壁忠彦 1981「香川県直島町井島大浦の押型文遺跡」『倉敷考古館研究集報』第

16号、pp. 1-10、倉敷考古館

間壁忠彦 1985「岡山県児島湾岸の遺跡群」『探訪縄文の遺跡（西日本編）』pp. 234-242、有斐閣

間壁忠彦ほか 1972『倉敷の古代』倉敷考古館

間壁忠彦 1991「二　瀬戸内の考古学」『海と列島文化 9　瀬戸内の海人文化』pp. 83-135、小学館

間壁葭子、間壁忠彦 1971「里木貝塚」『倉敷考古館研究集報』7号、倉敷考古館

間壁忠彦・間壁葭子 1996「海上交通と遺跡」『新修倉敷市史』1 考古、pp. 190-194、倉敷市

増田　修・内山りゅう 2004『日本産淡水貝類図鑑②汽水域を含む全国の淡水貝類』ピーシーズ

増田富士夫・宮原伐折羅・広津淳司・入月俊明・岩淵　洋・吉川周作 2000「神戸沖海底コアから推定した完新世の大阪湾の海況変動」『地質学雑誌』第106巻、pp. 482-488、日本地質学会.

松島義章 1974「神奈川県の地質 1」『神奈川県立博物館調査報告（自然科学）』第 5 号，神奈川県立博物館

松島義章 1980「貝類群集からみた古館山湾の変遷」『日本地質学会第 87 年学術大会講演要旨』pp. 57、日本地質学会

松島義章 1983「小規模なおぼれ谷に残されていた縄文海進の記録」『海洋科学』第 15 号、pp. 11-16、海洋出版

松島義章 1984a「日本列島における後氷期の浅海性貝類群集―特に環境変遷に伴うその時間・空間的変遷―．神奈川県立博物館研究報告（自然科学）』第 15 号，pp. 37-109，神奈川県立博物館

松島義章 1984b「完新世段丘からみた相模湾・駿河湾沿岸地域のネオテクトニクス」『第四紀研究』第 23 巻 2 号、pp. 165-174、日本第四紀学会

松島義章編 1987『川崎市内沖積層の総合研究』川崎市博物館資料収集委員会

松島義章 1990「沼サンゴ層形成時の海面をみつけるまで―海抜 27 m の海面―」『地学研究』第 39 巻、pp. 9-17、日本地学研究会

松島義章 1996「貝類群集による完新世の環境変遷―横浜南部金沢八景の平潟湾を例にして―」『関東平野』第 4 号、pp. 11-24、関東平野研究会

松島義章 1999「完新世海成堆積物からみた相模湾沿岸地域の地形変動」『第四紀研

究』第 23 巻、pp. 165-174、日本第四紀学会

松島義章 2006a『有隣新書 64 貝が語る縄文海進―南関東、＋2℃の世界』横浜有隣堂

松島義章 2006b「縄文時代早期初頭の海岸線の推定」『千葉県館山市沖ノ島遺跡第 2・3 次発掘調査概報』pp. 37-42、千葉大学文学部考古学研究室

松島義章 2007「縄文時代早期前半の低地遺跡から推定される旧汀線の位置」『徳永重元博士献呈論集』、pp. 465-482、パリノ・サーウェイ株式会社

松本安紀彦編 2005『刈谷我野遺跡Ⅰ』高知県香北町教育委員会

松本安紀彦編 2007『刈谷我野遺跡Ⅱ』高知県香美市教育委員会

松本安紀彦・熊谷博志 2008「岡山県犬島で採集された土器及び土製品について」『犬島貝塚調査保護プロジェクトチーム第 1 回研究会・講演会資料集 犬島貝塚の発見―1 万年前の瀬戸内海―』pp. 10-13、犬島貝塚調査保護プロジェクトチーム

松本 茂 2003「東南部九州における細石刃石器群編年に関する覚書―宮崎県岩土原遺跡第 2 文化層の再検討―」『富山大学考古学研究室論集 蜃気楼―秋山進午先生古希記念―』pp. 27-45、秋山進午先生古希記念論集刊行会

松本豊胤 1989「遺跡から見た直島の原始・古代」『直島町史』、pp. 57-122 直島町

松本直子編 2007『出崎船越南遺跡発掘調査報告書』岡山大学文学部考古学研究室

宮路淳子・中原計・松井章 2006「門田貝塚出土の動物遺存体」・「門田貝塚出土の骨角器」『邑久町史』考古編、pp. 186-210、瀬戸内市

宮本一夫編 1991『愛媛大学法文学部考古学研究報告第 1 冊 江口遺跡第 1 次調査』愛媛大学法文学部考古学研究室

宮本一夫編 1993『愛媛大学法文学部考古学研究報告第 2 冊 江口貝塚縄文前中期編』愛媛大学法文学部考古学研究室

宮本一夫編 1994『愛媛大学法文学部考古学研究報告第 3 冊 江口貝塚縄文後 晩期編』愛媛大学法文学部考古学研究室

宮本一夫編 1996『愛媛大学法文学部考古学研究報告第 4 冊 江口貝塚Ⅲ―第 4 時調査報告―』愛媛大学法文学部考古学研究室

三杉兼行 1974「先史時代のこと」『東児町史』pp. 32-38、東児町

南知多町教育委員会 1976『南知多町文化財調査報告書 第 1 集 愛知県知多郡南知多町清水ノ上貝塚』愛知県南知多町

引用・参考文献

南知多町教育委員会 1980『南知多町文化財調査報告書 第4集 愛知県知多郡南知多町先苅貝塚』愛知県南知多町

村上 昇 2006「鹿児島県三角山Ⅰ遺跡出土の隆起線文土器についての基礎的検討」『九州縄文時代早期研究ノート』4、pp. 40-44、九州縄文時代早期研究会

森井 正 1983a「礼田崎貝塚」『新編香川叢書』pp. 67-70、香川県教育委員会

森井 正 1983b「極が谷遺跡」『新編香川叢書』考古編、pp. 163-167、香川県教育委員会

安川 満 1998「安仁神社裏山出土銅鐸」『岡山市埋蔵文化財の概要1996(平成8)年度』pp. 57-60、岡山市教育委員会

矢野健一 1997「中四国地方における押型文土器後半期の様相」『シンポジウム押型文と沈線文』本編、pp. 167-184、長野県考古学会縄文時代(早期)部会

山本慶一・大塚裕之・樽野裕之 1988『山本コレクション調査報告書Ⅰ 備讃瀬戸海底産出の脊椎動物化石』倉敷市立自然史博物館

山崎京美 1998『文部省科学研究費補助金 (基礎研究(C)(2)研究成果報告書 遺跡出土の動物遺存体に関する基礎的研究』山崎京美

山内清男 1937「縄紋土器型式の細別と大別」『先史考古学』第1巻第1号、pp. 28-32、先史考古学会

吉崎昌一 1958「細石器問題の進展(その二)(北海道地区)」『貝塚』83、p. 1、土曜會

渡辺直経 1950a「遺跡における骨類の保存」『人類学雑誌』61、pp. 67-74、日本人類学会

渡辺直経 1950b「赤石西郊含化石層に於ける骨の保存可能性」『人類学雑誌』61、pp. 183-190、日本人類学会

Ishida, D., Hirota, M., Yoneda, M., Shibata, Y., Morita, M. and Endo, K. 2002「Ages of the Holocene former shoreline deduces from emerged erosional landforms along the southern coast of the Boso Peninsula, Central Japan」『国立環境研究所研究報告』第170号、pp. 75-79、国立環境研究所

Kanno, S., (1955) Faunal analysis of the molluscan fauna fromraised beach deposits of Kamakura, Kanagawa Prefecture. Sei. Rep. Tokyo Kyoiku Daogaku, sect. C, 4, no. 28, 23-47.

Lindsay, W. (1979) "Chemical Equilibria in Soils" [John Wiley & Sons]

175

Stuiver, M., G. W. Pearson & T. Braziunas (1986). Radiocarbon age calibration of marine s amples back to 9000 cal yr BP. Radiocarbon 28, 980-1021.

Stuiver, M., P. J. Reimer, and T. F. Braziunas (1998a). High-precision radiocarbon age calibration for terrestrial and marine samples. Radiocarbon 40, 1127-1151.

Stuiver, M., P. J. Reimer, E. Bard, J. W. Beck, G. S. Burr, K. A. Hughen, B. Kromer, G. McCormac, J. Van der Plicht, and M. Spurk (1998b). INTCAL98 radiocarbon age calibration, 24,000-0 cal BP. Radiocarbon 40, 1041-1083.

Yoneda, M., H. Kitagawa, J. v. d. Plicht, M. Uchida, A. Tanaka, T. Uehiro, Y. Shibata, M. Morita, and T. Ohno (2000). Pre-bomb marine reservoir ages in the western north Pacific: Preliminary result on Kyoto University collection. *Nuclear Instruments and Methods in Physics Research* B 172, 377-381.

編集後記

　犬島貝塚を訪れて2年も経たないうちに、2回の研究会・講演会を経て、2次の発掘調査を行った。調査成果については、まだそのすべてを示しているわけではないが、少なくとも西日本最古級の貝塚として認識されつつあると思う。

　執筆者の皆様には、多忙な中であれこれと注文をつけ、苦労をかけた。特にコラムをお願いした方々には短期間の執筆となり迷惑をかけた。おかげで、3回目の発掘調査を行う前に、2008年度の活動についてなんとかまとめることができ、研究会当日の様子も伝わりやすくなったと思う。2008年の活動の中でも、研究会・講演会は、犬島貝塚調査保護プロジェクトチームの大きな柱の1つと言っていい。今後も、会場に参加された方を含め、みんなで作り上げるスタイルを目指し、様々な観点から意見を出し合い、工夫していきたい。

　山口響・早苗両氏には、テープ起こしの段階から編集までの基礎的な作業段階で多大な協力をいただいた。また六一書房の八木環一氏、三陽社の若槻真美子氏、BLUE WORKS PHOTO & DESIGN Officeの青地大輔氏には、大変なスケジュールの中で無理をお願いした。心より感謝したい。お陰でなんとか完成した。

　ここまでたどり着くのに、多くの方々に支えられている。犬島貝塚のある岡山より遙か離れた北海道から、このような作業を行っていること自体、多くの方の協力と理解なしにはあり得ない。支援いただいている方々に、少しずつ「形」にすることで恩返しとしたい。思えば、離島の遺跡保護活動は始まったばかりであり、私たちもまだ試行錯誤の部分が多い。

　2010年は犬島貝塚発見30周年である。そのことを多くの方と共感できるよう、このプロジェクトに取り組んでいくことを誓い、筆を置きたい。

　　2009.7.15 札幌にて
　　　　　　　犬島貝塚調査保護プロジェクトチーム（代表）遠部　慎

編者・執筆者一覧（五十音順）

編者

遠部　慎　1976年生。別府大学大学院文学研究科考古学専攻修了、
　　　　　現在北海道大学埋蔵文化財調査室。

執筆者

在本桂子（犬島再発見の会代表）
五十嵐聡江（葛飾区郷土と天文の博物館）
市村　康（環境省自然公園指導員・豊島は私たちの問題ネットワーク）
大智淳宏（岡山理科大学総合情報学部学生）
岡嶋隆司（日本考古学協会会員・メルパルク岡山）
小野　伸（犬島再発見の会・日本考古学協会会員）
及川　穣（東京都教育委員会事務局・明治大学大学院）
遠部　慎（編者参照）
楠原　透（犬島再発見の会）
小谷明治（西部技術コンサルタント（株））
竹内信三（小さな考古館）
堤　芳男（元旭東中学校教諭）
富岡直人（岡山理科大学総合情報学部准教授）
中島直樹（西部技術コンサルタント（株））
西平孝史（西平立体創作・彫刻家）
久本健二（元山南中学校教諭）
古矢勝重（犬島貝塚調査保護プロジェクトチーム・馬場小室山研究会）
畑山智史（岡山理科大学総合情報学部大学院生）
松島義章（放送大学大学院客員教授）
松本安紀彦（高知県文化財団埋蔵文化財センター）
宗光英明（岡山市デジタルミュージアム館長補佐）
元木俊文（岡山理科大学総合情報学部学生）
森　隆恭（岡山市デジタルミュージアム館長）

犬島貝塚 —瀬戸内海最古の貝塚を求めて—

2009年9月10日　初版発行

編　　　者	遠部　慎　犬島貝塚調査保護プロジェクトチーム
発 行 者	八木環一
発 行 所	株式会社 六一書房　　http://www.book61.co.jp
	〒101-0051　東京都千代田区神田神保町 2-2-22
	電話 03-5213-6161　FAX 03-5213-6160　振替 00160-7-35346
印刷・製本	株式会社 三陽社

ISBN 978-4-947743-79-4 C0021　　　　　　　　　　　　　　Printed in Japan